A RESPONSABILIDADE PENAL DO *COMPLIANCE OFFICER*

A RESPONSABILIDADE PENAL DO *COMPLIANCE OFFICER*

César Caputo Guimarães

São Paulo, 2021

Copyright © EDITORA CONTRACORRENTE
Alameda Itu, 852 | 1º andar |
CEP 01421 002
www.loja-editoracontracorrente.com.br
contato@editoracontracorrente.com.br

EDITORES
Camila Almeida Janela Valim
Gustavo Marinho de Carvalho
Rafael Valim

EQUIPE EDITORIAL
COORDENAÇÃO DE PROJETO: Juliana Daglio
REVISÃO: Carla Carreiro
REVISÃO TÉCNICA: Lisliane Pereira
DIAGRAMAÇÃO: Marina Avila
CAPA: Maikon Nery

EQUIPE DE APOIO
Fabiana Celli
Carla Vasconcelos
Fernando Pereira
Lais do Vale

Dados Internacionais de Catalogação na Publicação (CIP)
(Câmara Brasileira do Livro, SP, Brasil)

```
Guimarães, César Caputo
   A responsabilidade penal do compliance officer /
César Caputo Guimarães. -- 1. ed. -- São Paulo :
Editora Contracorrente, 2021.

   ISBN 978-65-88470-55-8

   1. Compliance 2. Direito 3. Direito penal 4.
Responsabilidade penal I. Título.

21-65608                                CDU-343(81)
```

Índices para catálogo sistemático:

1. Brasil : Direito penal 343(81)

Aline Graziele Benitez - Bibliotecária - CRB-1/3129

@editoracontracorrente
Editora Contracorrente
@ContraEditora

Dedico este trabalho à minha companheira Valéria (minha Pretta), e aos meus filhos Miguel e Davi, que dia a dia me estimulam em nossa jornada de amor e aprendizado recíprocos.

Bom de briga é aquele que cai fora!
(Adoniran Barbosa)

SUMÁRIO

APRESENTAÇÃO 11
PREFÁCIO 15
INTRODUÇÃO 19

CAPÍTULO I - IMPACTO DA INTERNACIONALIZAÇÃO EMPRESARIAL NO DIREITO PENAL ECONÔMICO BRASILEIRO 25

    1.1 A globalização empresarial e a lavagem de ativos 27

    1.2 GAFI, OCDE e demais grupos de combate à lavagem de ativos 34

    1.3 Acordos de cooperação internacional 38

CAPÍTULO II - *COMPLIANCE*: CONCEITO E ABRANGÊNCIA 41

    2.1 História do *compliance* 43

    2.2 A autorregulação regulada, seus benefícios, desafios e problemas 46

    2.3 Programas de *compliance* como panóptico empresarial ... 50

2.3.1 O conceito de "panóptico" em Jeremy Bentham aplicado ao ambiente empresarial e à atividade do *compliance officer* ... 53

2.3.2 O panóptico na perspectiva de Michel Foucault e sua aproximação com a lógica do *compliance* ... 56

2.4 Os *compliance officers* no Direito brasileiro e o papel do advogado ... 64

CAPÍTULO III – A DOGMÁTICA PENAL APLICADA AO COMPLIANCE OFFICER ... 81

3.1 Tipos penais omissivos impróprios ou comissivos por omissão e a posição de garante do *compliance officer* ... 82

3.2 Risco não permitido e a aplicação da teoria da imputação objetiva na atuação do *compliance officer* ... 89

3.3 Adversidades enfrentadas pelo *compliance officer* no exercício da função ... 92

3.4 Teoria da Cegueira Deliberada ... 95

3.5 Teoria do Domínio do Fato aplicada ao *compliance officer* 99

CAPÍTULO IV – ANÁLISE DE CASOS CONCRETOS E APLICAÇÃO DE CONCEITOS ... 105

4.1 Estudos e jurisprudência estrangeira ... 105

4.2 O caso da ação penal 470 ... 114

4.3 A responsabilidade do *compliance officer* na condução da investigação interna de *compliance* ... 119

4.4 Tabeliães e oficiais de registro como *compliance officers* ... 123

CONCLUSÃO ... 135
REFERÊNCIAS BIBLIOGRÁFICAS ... 139
MAPAS ... 150

APRESENTAÇÃO

É com grande satisfação que apresento aos leitores o livro de César Caputo Guimarães; uma satisfação que decorre dos acertos do autor, do modo como exibe fatos e argumentos importantes à compreensão do tema a que se dedica.

Acerta o autor quando sugere que o aparecimento do Direito da Conformidade, ou do *compliance*, como o mundo todo o conhece, determina uma revolução no conteúdo programático do Direito Empresarial, em vista da grave internacionalização dos mecanismos de controle da empresa.

A empresa, que surge no Direito alemão como esquema de regulação total, para substituir as correntes objetivista e subjetivista do Direito Comercial, submete-se a uma drástica expansão programática com a criação de um modelo internacional de integridade, no bojo de um plano norte-americano de exportação de integridade.

O Direito Empresarial e o Direito Penal, sob os influxos do novíssimo Direito da Conformidade,[1] aquiescem com uma ordenação e uma instrumentalização globalizantes. Tornaram-se ramas do Direito

---

[1] Como o definimos, eu e Valdir Simão, no nosso livro Leniência. *Elementos do Direito da Conformidade*. São Paulo: Contracorrente, 2019.

instrumentalizadas por potência hegemônica, para fins de controle de conformidade com eficácia global.

Ao atender às novas demandas do Direito da Conformidade, os Estados nacionais infiltram-se nas organizações empresariais para que elas os sirvam na detecção, na revelação e na punição de desconformidades. É precisamente essa a razão pela qual o autor lança mão da ideia de panóptico, de Bentham e de Foucault, para descrever uma ocupação sufocante dos espaços empresariais pelos Estados nacionais, em serviço dos EUA. Em sua campanha de exportação de integridade, que se inicia nos anos 1970, com a criação do FCPA, os congressistas norte-americanos preferiram submeter todo o mundo a estritos critérios de conformidade, em vez de permitir que a propina de agentes públicos estrangeiros fosse dedutível da base de cálculo do imposto de renda devido pelas transnacionais norte-americanas.

Esse estado de coisas afetaria inevitavelmente a dogmática do Direito Penal, em especial para determinar a conduta do chamado *compliance officer*, i.e., aquele membro da organização empresarial responsável pela concreção das regras de *compliance*. E, nesse particular, uma pendularidade faz com que essa personagem acenda uma vela para a empresa e outra para o Estado. É empregado da empresa, dela recebe paga, a ela deve fidelidade, mas zela pelo cumprimento do Direito da Conformidade, em observância a interesses estatais. É assim que se evidencia uma dúvida cruel! Diante da desconformidade, o *compliance officer* deverá revelá-la apenas à empresa (e aos seus superiores hierárquicos) ou dar conta também às autoridades de Estado?

O autor trata dos tipos penais omissivos impróprios ou comissivos por omissão à luz da posição de garante que o *compliance officer* ocupa. Ele é precisamente um *gate keeper*, que cuida de defender a empresa de ataques de desconformidade, os quais, ao fim e ao cabo, poderão determinar a imputação de responsabilidade à organização. Uma responsabilidade duríssima, não raro devastadora para a empresa, que poderá justificar também a imputação de responsabilidade ao *compliance officer*. As causas dessa responsabilidade ocupam o cerne das reflexões do autor, neste

APRESENTAÇÃO

livro que desde logo se constitui como manual de sobrevivência para esses profissionais do *compliance*.

A alusão a exemplos concretos, à jurisprudência estrangeira e à casuística que, entre nós, aponta os caminhos para o futuro, determina uma adequada articulação entre os influxos e argumentos teóricos e os dados do mundo como ele é.

Recomendo vivamente este livro de Caputo Guimarães, na certeza de que o leitor, para além de gostar da leitura, com ela tratará de saber se conduzir.

Walfrido Warde

PREFÁCIO

Das missões da vida acadêmica e profissional, uma sagra-se como extremamente prazerosa. Trata-se da oportunidade de apresentação de trabalhos científicos ao público leitor. Esta é mais uma dessa oportunidades, mas com detalhes bastante próprios.

De se dizer, pois, que é inescondível a honra de principiar a análise escorreita traçada por César Caputo Guimarães, junto à Faculdade de Direito da Universidade Noive de Julho, com o qual recebeu, no respectivo programa de pós-graduação, o título de Mestre em Direito. A obra, que em sua versão original detinha o título de *A responsabilidade penal do compliance officer sob a ótica brasileira*, é dos temas mais atuais e de importância fundamental ao estudo penal atual.

Sobre o autor, além da proximidade pessoal que nos une, é de se ter em conta sua ampla expertise e dedicação sobre o tema penal econômico. Inicialmente, de se ver sua profunda devoção acadêmica, com cursos variados. Em sede de labor advocatício, tem dedicação à implantação de programas de integridade e ética, com atuações também junto ao Senado Federal. Advogado militante, tem destacada experiência criminal, sendo notável por tantos colegas.

O trabalho, por sua vez, fala por si. Inicia, o autor, a cuidar de tantos impactos sentidos na seara internacional empresarial em face do Direito Penal Econômico nacional. Cuida, aqui, do que Silva Sánchez mencionou sobre uma questão que está a modificar todos os alicerces do Direito Penal tradicional. Noções e recomendações internacionais, antes vistas como *soft law*, passaram, de tempos a esta parte, a transmutar o espectro penal como um todo. Uma inovação das mais profundas, pois os entes nacionais parecem ceder espaço de debate a sofisticadas discussões internacionais, em especial no que diz respeito à lavagem de dinheiro.

Trata, a lavagem de ativos, de um desafio que tomou de assalto o Direito Penal brasileiro desde fins da década de 1990. Com o incremento das noções de *compliance*, esse tema passa a ser ainda mais ruidoso. Em um momento em que a política criminal também tem por modificada sua existência, soa necessária uma reavaliação de tantos temas.

O trabalho continua seu intento, percorrendo caminho ainda mais difícil, traçando passos sobre o conceito e a abrangência da própria noção de *compliance*. Um desconhecido mencionado por muitos, perpassa órbitas distintas até centrar-se no novo papel do advogado a ser, agora, perseguido.

A partir dessa constatação, passa a analisar toda a dogmática – fundamentalmente omissiva, nesse pantanoso campo. Algumas de suas conclusões são bem aceitas pela realidade brasileira, cabendo refletir sobre os potenciais impactos delas advindos. Com isso, a dissertação, ora vertida em obra comercial, passa a analisar casos concretos para possíveis aplicações de conceitos, dando um ar analítico fundamental a uma obra como a pretendida.

Autor e obra são inovadores e audazes; são competentes e dão luzes a um nebuloso novo horizonte jurídico. Ao ingresso da segunda década do presente século, o Direito Penal apresenta mais dúvidas do que certezas. Vive-se um curioso momento em que os traumas clássicos, como o eterno tormento da prisão, coexistem com inovações dogmáticas, como as variações atinentes ao *compliance*. A prevenção por ele apresentada mostra-se, sem dúvida, mais segura do que a antecipação da tutela, tantas vezes vista na ampliação de um Direito Penal do Perigo. No entanto, ainda se mostra na penumbra o futuro penal que se avizinha. O punitivismo corre o risco de perverter tantas potenciais vitórias da sagração do que já se chamou de Direito Penal da era *compliance*. E, diga-se, tais molduras somente serão bem postas a partir da contribuição de trabalhos como o presente.

Todos os parabéns ao autor pela conquista agora partilhada com o público leitor. Agradecimentos à editora que possibilita o acesso ao grande público e, em especial a este, o convite a uma aventura a um campo ainda em construção. O Direito Penal que tanto apaixona a muitos nos bancos acadêmicos detém novos desafios e, um deles é bem cuidado nas próximas páginas. Boa leitura.

Renato de Mello Jorge Silveira

*Professor Titular da Faculdade de Direito
da Universidade de São Paulo.*

Presidente do Instituto dos Advogados de São Paulo

INTRODUÇÃO

São muitos os fatores que levam a temática do *compliance* para o centro dos debates atuais. Tem-se, de um lado, o crescente poderio econômico de empresas e grandes conglomerados, que ultrapassa as fronteiras nacionais, e muitas vezes supera a capacidade econômica de grande parte dos países. De outro, a criminalidade internacional, cada vez mais complexa e organizada, e que, como outras atividades econômicas, emprega tecnologias e conhecimentos especializados em sua atuação.

Neste estudo, procuraremos situar o *compliance* dentro desse universo de tensões e desafios. Para fazer frente a tais questões, o aparato estatal também se reorganizou, o que levou a um maior grau de intervencionismo para a proteção de bens jurídicos individuais e transindividuais. O Estado regulador, que se torna também um Estado de prevenção e Estado de vigilância, como se verá, transfere para a esfera particular a fiscalização de grande quantidade de deveres jurídicos, para poder compensar o déficit de proteção alcançável por outras vias, como o Direito Penal.

Além disso, em matéria penal, tornam-se visivelmente deficientes a análise, a investigação e a definição de critérios para produção de medidas repressivas criminais condizentes e eficazes. Um dos pontos sensíveis que se verifica, principalmente no atual contexto político-criminal do Brasil, é a flexibilização dos princípios penais e das garantias fundamentais conquistados nas Revoluções Liberais do século XVIII, notadamente na Revolução Francesa. Há, em verdade, o surgimento de uma imensa quantidade de novas condutas criminalizadas, em um nítido processo de expansionismo penal, que acaba por dificultar o exercício empresarial.

Esse excesso de criminalização tem o objetivo precípuo de coibir os crimes econômicos – ou crimes genericamente denominados "crimes de colarinho branco", conforme termo cunhado por Edwin Sutherland na década de 1930, e já consagrado pela doutrina. Ainda que brevemente, registre-se que esse termo abarca, de forma bastante ampla, diversas espécies de delito que são perpetrados pelas elites no exercício de suas atividades profissionais, como executivos, empresários, políticos e funcionários públicos. Esses delitos correspondem ao que se convencionou designar Direito Penal Econômico.

Nessa esteira, os programas de conformidade e integridade são cada vez mais empregados e até tidos como requisito de mercado, com o fim último de prevenir crimes desta natureza. A fiscalização para prevenção de tais ilícitos tem exercido papel crucial.

Na prática, entretanto, contata-se que, na maior parte dos casos, a efetivação dos mecanismos de controle e fiscalização internos, implementados pelos programas de *compliance*, acaba sendo exercida por apenas uma pessoa, que carrega esta estafante responsabilidade: o *compliance officer*.

Questão central que se abriu em torno deste profissional é a relativa à sua responsabilidade no caso do cometimento de infrações no âmbito empresarial. Assim, para que seja viável a manutenção dessa relevante posição dentro do cenário corporativo e no contexto de prevenção de delitos econômicos, é fundamental que a responsabilização do *compliance officer* se dê dentro de parâmetros fixados de forma razoável e previamente estabelecidos em lei.

Contudo, na atual perspectiva, dogmaticamente se considera que o *compliance officer* ocupa a posição de garante dentro da estrutura da empresa, o que atrai para esse único profissional o grande fardo, e também incalculável risco, de poder ser responsabilizado pela prática

INTRODUÇÃO

de qualquer delito empresarial, em casos de comportamento omissivo impróprio. Exatamente por isso, é forçoso traçar com clareza e máxima segurança os limites da sua efetiva responsabilidade criminal.

Assim, no capítulo que inicia este trabalho, intitulado "Impacto da internacionalização empresarial no Direito Penal Econômico brasileiro", buscaremos apresentar o contexto do impacto da internacionalização empresarial no Direito Penal pátrio, principalmente no que diz respeito ao delito de lavagem de dinheiro, haja vista a complexidade das estruturas econômicas e financeiras dos países, o constante fluxo de capitais, bem como a proporção que os crimes econômicos vêm tomando, ultrapassando os limites territoriais brasileiros. Além disso, a Lei de Lavagem de Dinheiro elenca um amplo rol de pessoas que estão sujeitas aos mecanismos de controle, criando em relação a elas, portanto, uma série de deveres específicos de *compliance*.

É imprescindível, dentro desse assunto, destacar também as funções essenciais que grupos de combate à lavagem de dinheiro vêm realizando e como têm ganhado papel de grande importância no cenário nacional e internacional, como é o caso do GAFI (Grupo de Ação Financeira contra a Lavagem de Dinheiro e o Financiamento do Terrorismo) e da UIF (Unidade de Inteligência Financeira).

Somados a isso estão os Acordos de Cooperação Internacional, que também ocupam importante papel, tendo em vista que, num mundo com menos fronteiras, a desburocratização de mecanismos de comunicação entre países é inevitável.

Em seguida, no capítulo denominado "*Compliance*: conceito e abrangência", será feita uma breve análise sobre o conceito do termo *compliance* e será explorada sua abrangência, contextualizando-o no Direito Penal Econômico. Trata-se de uma perspectiva macro que visa fornecer uma ideia geral para, posteriormente, adentrar no cerne da dissertação, tratando especificamente da figura do *compliance officer*.

Nesse ponto, trataremos da responsabilidade criminal do *compliance officer*, focando, inicialmente, em suas funções. Feito isso, serão posteriormente elencadas e analisadas as funções, bases e questões empresariais, que se fazem necessárias na análise de sua responsabilidade. Além disso, também nesse ponto, será analisada a figura do advogado como responsável pela implementação e acompanhamento dos programas de *compliance* nas empresas, tecendo-se considerações acerca dos benefícios e problemas que poderão ser enfrentados.

Conecta-se a esse tema, também, a explanação sobre a autorregulação regulada, que, diante desse novo cenário, é instrumento para uma nova postura das empresas no que se refere à regulação estatal. No mesmo sentido, estabelece-se uma comparação crítica sobre a constante vigilância imposta nas empresas e sua aproximação com o projeto do panóptico desenvolvido por Jeremy Bentham.

Posteriormente, no capítulo "A dogmática penal aplicada ao *compliance officer*", será feito um estudo das incidências penais que possam recair sobre *compliance officer*, relativas aos crimes omissivos impróprios, à assunção da posição de garante e do risco não permitido. Feito isso, questionam-se, especificamente, os desafios enfrentados nas suas atividades cotidianas e como elas podem acarretar a responsabilidade penal anteriormente mencionada. Impossível, nesse ponto, não adentrarmos na Teoria da Cegueira Deliberada, que os tribunais brasileiros vêm importando – muitas vezes erroneamente – do *common law* e que podem se tornar meios para punições indevidas.

Por fim, no capítulo de encerramento, "Análise de casos concretos e aplicação de conceitos", serão investigados casos concretos que sejam concernentes à responsabilidade criminal do *compliance officer*, focando a pesquisa no cenário brasileiro e em alguns julgados estrangeiros. No Direito estrangeiro, o tema ganha maior densidade em solo espanhol, visto que há importantes julgados na matéria, bem como aprofundados estudos acerca da questão. Além disso, no contexto brasileiro será estudado o impacto da Ação Penal 470, o caso Mensalão, bem como será analisada a legislação pertinente à responsabilidade dos tabeliães e oficiais de registro, e o papel de *compliance officers* que a legislação impõe a esses profissionais.

Releva notar que, ao longo deste trabalho, faremos emprego de uma metodologia dedutiva, com pesquisa em obras, textos e legislações

INTRODUÇÃO

nacionais e internacionais. O presente trabalho pretende questionar as atuais indagações relativas à expansão do *compliance* em solo nacional, especificamente pela análise da responsabilidade criminal do *compliance officer*, tema ainda pouco explorado no cenário brasileiro, tecendo importantes reflexões sobre sua aplicação e buscando a solução mais compatível com nosso ordenamento jurídico.

CAPÍTULO I

IMPACTO DA INTERNACIONALIZAÇÃO EMPRESARIAL NO DIREITO PENAL ECONÔMICO BRASILEIRO

O processo de globalização traz à tona inúmeras questões éticas que confrontam e continuarão a confrontar empresários e especialistas no assunto nos próximos anos. Isso porque, dentre outros aspectos, há significativas implicações da globalização na forma como o mundo corporativo oferece respostas aos problemas éticos enfrentados.

Tais implicações já podem ser observadas. Como exemplo, tem-se a geração de novas tendências no comportamento de pessoas e corporações, especialmente em função da difusão de grande fluxo de informações pelas tecnologias de informação e comunicação em massa, bem como da evolução de mídias alternativas. Esses são fatores de alto impacto no ambiente global.

Nesse sentido, se, por um lado, o mundo globalizado cria demandas por responsabilidade e padrões éticos no ambiente empresarial, é certo que, como consequência, o Direto Penal assiste ao alargamento de suas fronteiras, sendo percebido muitas vezes como a solução para todos os problemas. Segundo Silveira e Diniz,[2] o Direito Penal na era da globalização e da integração econômica caminha para "um Direito mais unificado, menos garantista e onde regras de imputação, penais e processuais são flexibilizadas".

Assim, os programas de ética empresarial apresentam-se como mitigadores dessa crescente tensão. Em todo o mundo se observa o incremento da exigência por posturas éticas, tanto em face de agentes privados quanto do poder público. Esse fator contribui fortemente para situar os programas de *compliance* no centro das atuais discussões sobre o tema. Nas palavras de John Boatright:[3]

> First, globalization is likely to reduce further the amount of discretion for both individuals and business organizations in business decision making. The globalized economy of the present and near future, with its fierce competition based on rapid product development and relentless cost cutting, will decrease the opportunities for decision making on any basis other than profitability. To the extent that companies believe that "good ethics is good business" and utilize ethics programs as a form of *compliance*, a concern for ethics will no doubt continue to flourish. However, companies will be less able to use managerial discretion in any way that would place them at a competitive disadvantage.

Além disso, ao lado da vastíssima difusão de informações e criação de demandas mais consistentes e uniformes por posturas que sigam padrões comportamentais e éticos – o que é fundamental para viabilizar as relações empresariais em um nível tão amplo –, existe também o aumento dos fluxos internacionais de capitais, que são próprios das relações

---

[2] SILVEIRA, Renato de Mello Jorge; DINIZ, Eduardo Saad. *Compliance, direito penal e a lei anticorrupção*. São Paulo: Saraiva, 2015, p. 35.

[3] BOATRIGHT, John R. "Globalization and the Ethics of Business". *Business Ethics Quarterly*, Cambridge University Press, vol. 10, n. 1, jan. 2000, p. 3.

empresariais e comerciais. Há, portanto, uma íntima relação entre esses temas, e ambos serão objeto de aprofundamentos e reflexões a seguir.

1.1 A GLOBALIZAÇÃO EMPRESARIAL E A LAVAGEM DE ATIVOS

Os setores empresariais vêm se tornando cada vez mais complexos e mais vastos, ultrapassando os meros limites territoriais. Vivemos em uma época em que não há fronteiras para o crescimento do mercado. Apesar de tal fato parecer sempre vantajoso, ele também traz consigo uma série de consequências negativas, principalmente em relação aos crimes empresariais, que acabam por ganhar um alto grau de complexidade, adquirindo contornos transnacionais.

Importante destacar, nesse sentido, que as constantes transformações tecnológicas, o desenvolvimento do mercado em escala mundial e a consequente criação de novos riscos socais não deixam mais espaço para o Direito Penal clássico, que determina apenas a criminalização de bens jurídicos vinculados diretamente às pessoas, como vida e patrimônio, mas determinam uma nova concepção de bens jurídicos, que transcende o âmbito da pessoa, assim como impõe uma perspectiva mais ampla em relação às fontes jurídicas. Renato de Mello Silveira e Eduardo Saad-Diniz[4] observam que:

> ... a imperiosa tarefa do penalista no alvorecer dessa nova quadra temporal é saber lidar com as novas fontes do Direito, para, a partir delas, poder ajustar as novas formulações às exigências do presente em sintonia com a própria estrutura jurídica, estabelecendo relações em níveis variados.

Pode-se afirmar, portanto, que o mundo corporativo se encontra atualmente cercado por um imenso número de determinações legais, e

---

[4] SILVEIRA, Renato de Mello Jorge; SAAD-DINIZ, Eduardo. *Compliance, direito penal e a lei anticorrupção*. São Paulo: Saraiva, 2015, p. 33.

um considerável número desses dispositivos contém previsões criminalizadoras. Como seria inviável tratarmos de todos os tipos penais que cercam o assunto em questão, a seguir abordaremos mais detidamente a dinâmica da lavagem de capitais neste contexto, em função da sua importância em relação a diversos delitos econômicos.

Cumpre notar que a criminalização da lavagem de dinheiro, como um esforço global, foi impulsionada principalmente nas décadas de 1980 e 1990 devido ao aumento do consumo de drogas no mundo, iniciando-se com os cartéis ligados ao narcotráfico. Destaque-se, entretanto, que esse cenário tem origens históricas mais remotas, que remontam ao início do século XX, quando se formaram as primeiras organizações mafiosas ao redor do mundo.[5]

Os primeiros países a criminalizarem o delito de lavagem de capitais foram Itália e Estados Unidos, justamente em função da proliferação de grupos criminosos ligados ao tráfico, e, consequentemente, à prática de outros delitos como extorsão, roubo e lavagem de dinheiro.

O termo "lavagem" está associado à forma como o dinheiro sujo, advindo das práticas delituosas, era reintroduzido no mercado com aparência de licitude. Empregavam-se, para tanto, atividades de prestação de serviços em que se fazia uso de dinheiro em espécie (*cash*) como forma de pagamento, não sendo possível, portanto, precisar a real movimentação financeira do estabelecimento, que emitia notas fiscais falsas a clientes inexistentes. Os principais negócios usados com essa finalidade eram as lavanderias e os lava a jato de automóveis, daí a origem do termo.

Baltazar Junior[6] explica que essa nomenclatura, apesar de parecer coloquial, é uma expressão consagrada pelo uso e que está em pleno acordo com o termo usado em outros países, como Estados Unidos

---

[5] ARO, Rogerio. *Lavagem de dinheiro* – Origem histórica, conceito, nova legislação e fases. Unisul de fato e de direito. Jan./jun., 2013, p. 168.
[6] BALTAZAR JUNIOR, José Paulo. *Crimes federais*. São Paulo: Saraiva, 2014, p. 1103.

CAPÍTULO I - IMPACTO DA INTERNACIONALIZAÇÃO...

(*money laundering*), Alemanha (*Geldwaschen*), França (*blanchiment d'argent*), Espanha (*blanqueo de capitales ou lavado de dinero*), Portugal (branqueamento de capitais) e Itália (*riciclaggio di denaro sporco*).

Na sequência histórica, já na década de 1930, nos Estados Unidos, o volume de capital decorrente dessas atividades tornou-se tão intenso que os criminosos passaram a ocultar seus ativos em paraísos fiscais (também conhecidos como *offshores*). Ou seja, os mafiosos buscavam países que não possuíam acordo de cooperação com os Estados Unidos para confisco e restituição de ativos e, assim, retiravam seu dinheiro do alcance das autoridades do país, sendo a Suíça um dos principais destinos.[7]

A lavagem de capitais caracteriza-se, portanto, pela atribuição de aparência lícita a ativos de procedência ilícita. Trata-se do procedimento ilegal através do qual bens, direitos e valores advindos de atividades criminosas são ocultados das autoridades para posteriormente serem reintegrados ao sistema econômico formal, com aparência de licitude.

Internacionalmente, o combate ao delito de lavagem de dinheiro tornou-se uma preocupação comum a diversos países com o fortalecimento do tráfico internacional de entorpecentes, ao longo da década de 1980. Naquele momento, reconheceu-se que o crescimento de organizações criminosas ligadas ao narcotráfico representava uma ameaça à saúde e ao bem-estar das pessoas, bem como às bases econômicas, culturais e políticas da sociedade. No mesmo contexto, reconheceu-se também que os vínculos entre o tráfico ilícito e outras atividades criminosas organizadas atentavam contra as economias lícitas e a soberania dos Estados, ameaçando sua estabilidade e segurança. Ainda nesse sentido, considerou-se que o tráfico ilícito gerava consideráveis rendimentos financeiros e grandes fortunas que permitiam às organizações criminosas transnacionais invadir, contaminar e corromper as estruturas da

---

[7] ARO, Rogerio. *Lavagem de dinheiro* – Origem histórica, conceito, nova legislação e fases. Unisul de fato e de direito. Jan./jun., 2013, p. 169.

administração pública, as atividades comerciais e financeiras lícitas, assim como a sociedade, em todos os seus níveis.[8]

Devido a isso, no ano de 1988 deu-se a assinatura da Convenção da ONU contra o Tráfico Ilícito de Entorpecentes, conhecida como Convenção de Viena. Seu objetivo era promover a cooperação entre os Estados para tratar de forma mais eficaz o tráfico de drogas, atacando os lucros de organizações criminosas através da produção de drogas ilícitas e do tráfico, bem como fornecer novas ferramentas de combate aos governos. Uma dessas ferramentas foi exatamente a criminalização da lavagem de dinheiro, que, nos termos do Decreto n. 154/1991, que internalizou a mencionada convenção no ordenamento jurídico brasileiro, impõe em seu art. 3, *b,* a obrigação de incriminar a lavagem de dinheiro, nos seguintes termos:

> 1 - Cada uma das Partes adotará as medidas necessárias para caracterizar como delitos penais em seu direito interno, quando cometidos internacionalmente:
>
> i) a conversão ou a transferência de bens, com conhecimento de que tais bens são procedentes de algum ou alguns dos delitos estabelecidos no inciso a) deste parágrafo, ou da prática do delito ou delitos em questão, com o objetivo de ocultar ou encobrir a origem ilícita dos bens, ou de ajudar a qualquer pessoa que participe na prática do delito ou delitos em questão, para fugir das conseqüências jurídicas de seus atos;
>
> ii) a ocultação ou o encobrimento, da natureza, origem, localização, destino, movimentação ou propriedade verdadeira dos bens, sabendo que procedem de algum ou alguns dos delitos mencionados no inciso a) deste parágrafo ou de participação no delito ou delitos em questão...

---

[8] CONVENÇÃO das Nações Unidas contra o Tráfico Ilícito de Entorpecentes e Substâncias Psicotrópicas. Viena, 20 dez. 1988. Disponível em: https://legado.justica.gov.br/sua-protecao/politicas-sobre-drogas/atuacao-internacional1/documentos/Convencao_das_Nacoes_Unidas.pdf. Acesso em: 28 de jun 2021.

CAPÍTULO I – IMPACTO DA INTERNACIONALIZAÇÃO...

Observe-se que quase duas décadas depois da assinatura do tratado, entrou em vigor o Decreto n. 5.687/2006, que internalizou a Convenção da ONU contra a Corrupção, também chamada Convenção de Mérida, de 2003. Em face da íntima ligação existente entre o dinheiro proveniente de atividades ilícitas e a corrupção de agentes públicos, a Convenção também previu, em seu art. 14, a criminalização da lavagem de dinheiro, estabelecendo que:

> 1. Cada Estado Parte:
>
> a) Estabelecerá um amplo regime interno de regulamentação e supervisão dos bancos e das instituições financeiras não-bancárias, incluídas as pessoas físicas ou jurídicas que prestem serviços oficiais ou oficiosos de transferência de dinheiro ou valores e, quando proceder, outros órgãos situados dentro de sua jurisdição que sejam particularmente suspeitos de utilização para a lavagem de dinheiro, a fim de prevenir e detectar todas as formas de lavagem de dinheiro, e em tal regimento há de se apoiar fortemente nos requisitos relativos à identificação do cliente e, quando proceder, do beneficiário final, ao estabelecimento de registros e à denúncia das transações suspeitas...

No Brasil, a incriminação da lavagem de dinheiro deu-se, pioneiramente, por meio da Lei n. 9.613/1998, havendo sido alterada pela Lei n. 11.343/2006, e posteriormente, de forma mais significativa no ano de 2012, através da Lei n. 12.683.

Importante destacar, nesse sentido, que a doutrina separa em diferentes gerações as formas como se operou a criminalização da lavagem de dinheiro em todo o mundo. Assim, na primeira geração, considerava-se o tráfico de drogas como único crime antecedente ao delito de lavagem de ativos. Na segunda geração, de forma ampliativa, passou a existir um rol taxativo das infrações antecedentes passíveis de gerar ativos a serem posteriormente lavados. E, atualmente, encontramo-nos na terceira geração, em que qualquer crime pode ser tido como delito antecedente do delito autônomo de lavagem de dinheiro. Como se pode notar, houve uma tendência constante ao alargamento das hipóteses de crimes anteriores aptos a configurar o delito de lavagem de dinheiro.

A Lei n. 12.683/12 dispõe, de forma bastante genérica, que qualquer "infração penal" pode ser antecedente do crime de lavagem de dinheiro, o que implica dizer que mesmo contravenções penais como o jogo do bicho ou jogo de azar podem ser antecedentes do delito de lavagem de dinheiro.[9]

Assim, como se pode notar, conforme foram sendo percebidas as dificuldades em se punir determinadas modalidades criminosas, verificou-se ser conveniente a punição unilateral da lavagem de dinheiro. Para tanto, emprega-se a técnica conhecida como *follow the money*, em que se passa a seguir o caminho percorrido pelo dinheiro de origem delitiva, evitando seu aproveitamento e incentivando a criminalização da lavagem de ativos.[10]

Além disto, a legislação também criou deveres para os particulares que desenvolvem determinadas atividades empresariais. Tais deveres se operam no sentido da prevenção do delito de lavagem de capitais. Assim, pode-se afirmar que foram introduzidos mecanismos de *compliance* nas investigações de lavagem de dinheiro:

> A estrutura normativa da Lei n. 9.613/98, reestruturada pela Lei n. 12.683/2012, permite facilmente compreender a introdução dos mecanismos de *compliance* nas investigações de lavagem de dinheiro, ao estabelecer o dever de criação de sistema de identificação dos clientes e manutenção dos registros (art. 10); o dever de comunicação de operações financeiras às autoridades financeiras (art. 11); e a derivada previsão de responsabilidade administrativa pelo descumprimento dos respectivos deveres (art. 12). Essa vinculação positivo-legal, diria o leitor, já afastaria a hipótese discorrida até o momento. Contudo, a elaboração da construção dos delitos por infração de dever cria outro cenário. Mostra-se interessante a alteração da nomenclatura havida pela

---

[9] BALTAZAR JUNIOR, José Paulo. *Crimes federais*. São Paulo: Saraiva, 2014, p. 1107.

[10] SILVEIRA, Renato de Mello Jorge; SAAD-DINIZ, Eduardo. *Compliance, direito penal e a lei anticorrupção*. São Paulo: Saraiva, 2015, pp. 254/255.

Lei n. 12.683/2012, por onde se procurou melhor adequar os institutos ao que se pretenderia implementar através de um *criminal compliance*.[11]

Dentre aqueles que estão elencados no extenso rol do art. 9° da Lei de Lavagem de Dinheiro, que trata das pessoas que estão sujeitas aos mecanismos de controle, estão atividades como as bolsas de valores, as seguradoras, as administradoras de cartão de crédito, as imobiliárias e os registros públicos, por exemplo. Particularmente no que diz respeito a estes últimos, teremos a oportunidade de tecer considerações mais aprofundadas adiante, por se tratar de tema que recebeu importante incremento normativo recentemente.

Por último, cumpre mencionar que a lavagem de ativos envolve um processo, que se caracteriza por um conjunto de operações comerciais e financeiras cujo objetivo é conferir aparência lícita a ativos obtidos por meio ilícito. Esse processo é composto por três fases independentes que, não raro, ocorrem simultaneamente: colocação, ocultação e integração.

Na colocação, o agente procura afastar o dinheiro de sua origem, movimentando-o em países com regras mais permissivas e que possuem um sistema financeiro liberal, bem como utilizando estabelecimentos comerciais que usualmente trabalham com dinheiro em espécie.

Na segunda fase, ou ocultação, o agente busca dificultar o rastreamento contábil dos recursos obtidos de forma ilícita. Para tanto, faz-se uso de movimentações eletrônicas e transferências dos ativos para contas anônimas, de preferência em países amparados por lei de sigilo bancário, ou, ainda, realizam-se depósitos em contas abertas em nome de terceiros, os famosos "laranjas", ou utilizam-se empresas fictícias ou de fachada.

A terceira fase é a integração, em que os ativos são incorporados ao sistema financeiro de modo formal, e dá-se no momento em que

---

[11] SILVEIRA, Renato de Mello Jorge; SAAD-DINIZ, Eduardo. *Compliance, direito penal e a lei anticorrupção*. São Paulo: Saraiva, 2015, p. 273.

os agentes investem em empreendimentos que facilitem suas atividades, podendo, inclusive, as sociedades constituídas para tal finalidade prestarem serviços entre si. Nessa fase já é bastante difícil identificar a origem do dinheiro obtido de forma ilegal.[12]

1.2 GAFI, OCDE E DEMAIS GRUPOS DE COMBATE À LAVAGEM DE ATIVOS

Durante um encontro do G-7 (Estados Unidos, França, Reino Unido, Alemanha, Itália, Japão e Canadá), ocorrido em 1989, foi criado o Grupo de Ação Financeira Contra a Lavagem de Dinheiro e o Financiamento do Terrorismo (Gafi), organização intergovernamental que tem como propósito desenvolver e promover políticas nacionais e internacionais de combate à lavagem de dinheiro e ao financiamento do terrorismo. O Brasil passou a fazer parte do Gafi em 2000.

Uma das exigências do Gafi é que seus membros possuam sistemas eficientes de prevenção e combate à lavagem de dinheiro. O Brasil vem, desde então, melhorando suas políticas internas para se adequar aos requisitos da organização. Tornou-se signatário da Convenção sobre o Combate da Corrupção de Funcionários Públicos Estrangeiros em Transações Comerciais Internacionais em 1997 (Convenção da OCDE) e, posteriormente, promulgou a Lei n. 12.846/13, a Lei Anticorrupção.[13]

Como um exemplo de força que a globalização impõe ao mercado, o Gafi divulga periodicamente uma lista de *high risk jurisdictions* (jurisdições de alto risco), com nome de países que não cooperam com os padrões internacionais de prevenção à lavagem de dinheiro e

---

12 BRASIL. Ministério da Justiça. Departamento de Recuperação de Ativos e Cooperação Jurídica Internacional. Disponível em: https://www.justica.gov.br/sua-protecao/cooperacao-internacional. Acesso em: 7 jan. 2020.
13 CARVALHO, André Castro; BERTOCELLI, Rodrigo de Pinho; ALVIM, Tiago Cripa; VENTURINI, Otávio. *Manual de compliance*. Investigações Internas. Rio de Janeiro: Forense, 2019, pp. 374-381.

antiterrorismo, submetendo a uma avaliação especial as contrapartes que residam nesse país, o que acaba por dificultar as relações comerciais.

Em última instância o Gafi pode ainda recorrer a contramedidas específicas, como ocorreu com Nauru, pelo fato de essa jurisdição não ter adotado legislação adequada no combate à lavagem. Assim, o Gafi recomenda que países membros adotem medidas de maneira gradual, proporcional e flexível em relação aos meios utilizados e que seja realizada em concerto com outros países, visando um objetivo comum. As recomendações dadas a Nauru foram as seguintes:

1. As instituições financeiras identifiquem o real beneficiário antes de estabelecer qualquer transação com pessoas físicas ou jurídicas de Nauru;

2. As instituições financeiras possam identificar os clientes e que lhes permitam conhecer com detalhes seus procuradores, consultores e conselheiros;

3. As transações financeiras e não-financeiras com Nauru sejam consideradas com elevado grau de suspeição, havendo grande possibilidade de estarem associadas à lavagem de dinheiro.[14]

Internamente, o Brasil conta com a Unidade de Inteligência Financeira (UIF), antigo Coaf, Conselho de Controle de Atividades Financeiras, órgão do Ministério da Economia que recebe, examina e identifica ocorrências suspeitas de atividade ilícita e comunica às autoridades competentes para a instauração de procedimentos.[15]

Outras autoridades administrativas que são encarregadas de prevenir a lavagem de dinheiro são o Conselho Monetário Nacional

---

[14] BRASIL. Susep. Disponível em: http://www2.susep.gov.br/bibliotecaweb/docOriginal.aspx?tipo=1&codigo=11768. Acesso em: 2 jan. 2020.
[15] BRASIL. Ministério da Economia. Coaf. "Competências". Disponível em: http://www.coaf.fazenda.gov.br/backup/o-conselho/competencias. Acesso em: 8 jan. 2020.

(CNM) e o Bacen. Ambos vêm publicando diversas normas em que ficou estabelecido, segundo Mareska Azevedo,[16] que:

> ...as instituições financeiras (e todas autorizadas a funcional pelo BACEN) devem i) manter atualizados os cadastros de clientes ii) manter controles internos para verificar, além da adequada identificação do cliente, a compatibilidade entre as correspondentes movimentações de recursos, atividade econômica e capacidade financeira dos usuários do sistema financeiro nacional; iii) manter registros de operações; iv) promover treinamentos para seus empregados; v) implementar procedimentos internos de controle para detecção de operações suspeitas; e v) comunicar operações ou situações suspeitas.

Um dos exemplos dessas normativas é a Resolução CNM nº 4595/2017, que dispõe sobre *compliance*, em conformidade com a Lei de Lavagem de Dinheiro, ou seja, estabelece obrigações, tais como: implementar política de conformidade em conformidade com a natureza do negócio; proibição de vínculo da remuneração dos membros da área de *Compliance* ao desempenho da área de negócios, treinamento adequado etc.[17]

Além disso, na condição de membro pleno do Gafi, o Brasil assumiu o compromisso de seguir e implementar suas Quarentas Recomendações, dentre elas a Recomendação 29, que dispõe sobre a obrigatoriedade da existência de UIF com jurisdição nacional e com autonomia operacional:

> Os países deveriam estabelecer uma unidade de inteligência financeira (UIF) que sirva como um centro nacional de recebimento e análise de: (a) comunicações de operações suspeitas;

---

[16] AZEVEDO, Mareska Tiveron Salge de. *Fintechs, Bancos Digitais e Meios de Pagamento*. São Paulo: Quartier Latin, 2019, p. 234.
[17] AZEVEDO, Mareska Tiveron Salge de. *Fintechs, Bancos Digitais e Meios de Pagamento*. São Paulo: Quartier Latin, 2019, p. 234.

e (b) outras informações relevantes sobre lavagem de dinheiro, crimes antecedentes e financiamento do terrorismo, e de disseminação dos resultados de tal análise. A UIF deveria ser capaz de obter informações adicionais das entidades comunicantes e ter acesso rápido a informações financeiras, administrativas e de investigação que necessite para desempenhar suas funções adequadamente.[18]

Trata-se de órgão administrativo, ou seja, que realiza trabalhos de inteligência financeira, não sendo da sua competência realizar investigações, bloquear valores, deter pessoas, e outras atividades que são de competência da atividade policial e judiciária.[19]

Por óbvio, uma estimativa da quantidade de dinheiro que transita de forma ilícita, proveniente de lavagem, é impossível. Porém, o Fundo Monetário Internacional (FMI) estima que a quantidade de dinheiro lavado por ano varie de 2% a 5% do Produto Interno Bruto (PIB) mundial.[20]

O narcotráfico figura em primeiro lugar com relação à lavagem de dinheiro. Porém, no Brasil, mais da metade dos recursos lavados é proveniente de corrupção. Isso evidencia ainda mais a necessidade latente de programas de integridade bem estruturados em todos os setores econômicos, mas, principalmente, aqueles que lidam diretamente com o Estado e em operações internacionais.

---

[18] BRASIL. Ministério da Economia. "O que é a Unidade de Inteligência Financeira". *Relatório de atividades*. Disponível em: www.fazenda.gov.br/centrais-de-conteudos/publicacoes/relatorio-de-atividades/arquivos/o_que_faz.pdf. Acesso em: 8 jan. 2020.

[19] BRASIL. Ministério da Economia. "O que é a Unidade de Inteligência Financeira". *Relatório de atividades*. Disponível em: www.fazenda.gov.br/centrais-de-conteudos/publicacoes/relatorio-de-atividades/arquivos/o_que_faz.pdf. Acesso em: 8 jan. 2020.

[20] WEEKS-BROWN, Rhoda. "Cleaning Up: countries are advancing efforts to stop criminals from laundering their trillions". *IMF, Finance & Development*, vol. 55, n. 4, dez. 2018. Disponível em: https://www.imf.org/external/pubs/ft/fandd/2018/12/pdf/imf-anti-money-laundering-and-economic-stability-straight.pdf. Acesso em: 28 de jun 2021.

Percebe-se que essa internacionalização do Direito Penal busca um novo sistema de fontes que venham legitimar tal expansionismo penal, ou seja, a fixação de normas nacionais se dá por influência – ou pressão – de mecanismos e leis internacionais.

1.3 ACORDOS DE COOPERAÇÃO INTERNACIONAL

Após a Segunda Guerra Mundial e a Guerra Fria, os países criaram condições de produzir armamentos de profunda letalidade, aliados ao contexto global que se tem caracterizado pela aliança de países, em blocos, com a finalidade comum de buscar superar as dificuldades econômicas de um mundo que tem crescido em patamares jamais vistos.

Esse cenário motivou a reação da comunidade internacional, que passou a se preocupar com o fenômeno criminoso de forma conjunta e integrada. O resultado desse esforço comum pode ser visto no aprimoramento do conteúdo do Direito Penal Internacional.

Dentre esses mecanismos, extrai-se a importância da cooperação internacional, em matéria penal, não só para auxiliar um país no atendimento a uma questão de direito interno que ultrapasse suas fronteiras, em nítido processo de respeito à continuidade de um processo criminal, mas também em resposta aos chamados crimes transnacionais, tudo no intuito de remediar a impunidade.[21]

Segundo Luhmann, as mudanças da sociedade constituem a causa do surgimento da confiança entre Estados. A complexidade social, fruto da intensa mutabilidade das relações humanas no tempo e no espaço, gera a necessidade de estabelecer-se essa relação de confiança entre as nações: "...nesse contexto, a confiança manifesta-se como um

---

21 GENRO, Tarso. "A Cooperação Jurídica Internacional e o Propósito deste Manual em MINISTÉRIO DA JUSTIÇA". *In*: BRASIL. *Manual de Cooperação Jurídica Internacional e Recuperação de Ativos*. Cooperação em Matéria Penal. Brasília: Secretaria Nacional de Justiça, 2008, p. 11.

instrumento de redução desta complexidade social, na medida em que aumenta as possibilidades para as experiências e as ações".[22]

Ainda que a cooperação seja uma realidade no cotidiano deste século XXI, trata-se de um instituto novo em desenvolvimento, um campo que necessita uma análise de sua origem até as perspectivas atuais. A pesquisa examina os principais tratados que contemplam o tema, dando ênfase no procedimento demandado para tal auxílio, fazendo um contraponto da prática atual com relação ao tema da cooperação jurídica internacional em matéria penal.

A facilidade de encontrar brechas nos controles estatais tem levado a criminalidade a níveis que comprometem não só os bens jurídicos dos Estados que sofrem individualmente com a ação criminosa, mas também toda comunidade internacional que é atingida tanto pela expansão do núcleo criminoso para outros territórios, quanto por servir de ponto de apoio à atividade criminosa ante a falta de controle rígido das instituições financeiras, formulação de políticas imigratórias frágeis, baixo controle de fronteiras, entre outras causas.

Para Wanderley Junior,[23] dá-se a cooperação internacional quando dois ou mais Estados atuam em conjunto, cada um operando dentro de sua esfera de competência, isto é, exercendo sua soberania em favor de uma finalidade comum, agindo em cooperação e otimizando suas forças, na busca de uma sinergia capaz de tornar eficazes seus esforços.

Para que o tema desta pesquisa seja adequadamente compreendido, é preciso considerar que as garantias processuais, previstas na Constituição Federal de 1988 e em tratados internacionais dos quais o Brasil é signatário, constituem balizas de validade da cooperação, não

---

[22] LUHMANN, Niklas, 1996, p. 20, *apud* BECHARA, Fábio Ramazzini. *Cooperação Jurídica Internacional em Matéria Penal*. Eficácia da prova produzida no exterior. São Paulo: Saraiva, 2011, p. 141.

[23] WANDERLEY JR., Bruno. "A cooperação internacional como instrumento de combate ao terrorismo". *In*: BRANT, Leonardo Nemer Caldeira (Coord.). *Terrorismo e Direito*: os impactos do terrorismo na comunidade internacional e no Brasil: perspectivas político-jurídicas. Rio de Janeiro, 2003, pp. 279-297.

sendo lícito buscar a verdade real ou atingível a qualquer custo. Nesse sentido, as garantias judiciais inerentes a um processo penal justo não podem ser tidas como empecilho à cooperação jurídica internacional.

É indispensável que se crie uma normatização básica quanto aos procedimentos de cooperação jurídica internacional pelo processo de harmonização e respeito ao padrão normativo dos Direitos Humanos, não somente sob a ótica de acusação, mas principalmente sob a perspectiva do exercício da ampla defesa, que deve ser levado em consideração inclusive na elaboração e assinatura de tratados internacionais, bilaterais ou multilaterais e nos casos de auxílio judiciário entre Estados, que se dão mesmo diante de ausência normativa, baseados na confiança recíproca entre as nações.

Uma das classificações utilizadas para diferenciar os tipos de acordo de cooperação internacional é a posição do país solicitante. Ela será uma cooperação ativa quando a solicitação é feita através da autoridade nacional brasileira para o Estado estrangeiro e será passiva quando o Estado estrangeiro demandar ajuda da autoridade brasileira.

Conforme dados do DRCI, o Brasil é um país que demanda muito mais do que é demandado. Apenas 16% dos pedidos de cooperação são passivos, 84% são pedidos expedidos pelas autoridades brasileiras a países estrangeiros, ou seja, pedidos ativos de cooperação.[24]

---

[24] BRASIL. Ministério da Justiça. *Departamento de Recuperação de Ativos e Cooperação Jurídica Internacional*. Disponível em: https://www.justica.gov.br/sua-protecao/cooperacao-internacional. Acesso em: 7 jan. 2020.

CAPÍTULO II
COMPLIANCE: CONCEITO E ABRANGÊNCIA

O *compliance* deve ser entendido como referência aos sistemas de controles internos das empresas, que tem como principal função proporcionar maior segurança às análises econômicas-financeiras, e, principalmente, proteger contra os riscos de corrupção e fraudes em processos licitatórios ou demais declarações com entidades governamentais. Por fim, deve garantir que todas as normas elaboradas e estabelecidas internamente pelas empresas sejam conhecidas e cumpridas por todos.

Ana Paula P. Candeloro, Maria Balbina Martins de Rizzo e Vinícius Pinho definem o termo como:

> Um conjunto de regras, padrões, procedimentos éticos e legais que, uma vez definido e implantado, será a linha mestra que orientará o comportamento da instituição no mercado em que atua, bem como as atitudes de seus funcionários; um instrumento capaz de controlar o risco de imagem e o risco legal, os chamados "riscos de *compliance*", a que se sujeitam as instituições no curso de suas atividades.[25]

---

[25] CANDELORO, Ana Paula P.; DE RIZZO, Maria Balbina Martins; PINHO,

A priori, falar sobre *compliance* enquanto conformidade com os regulamentos pode parecer uma tarefa fácil. No entanto, no mundo dos negócios, especialmente em empresas com certo volume de trabalhadores e contratos, não é uma tarefa tão simples. Há que se considerar, para além desses fatores, os amplos – e muitas vezes extremamente complexos – regulamentos existentes.

Como explica Álvaro Sánchez:

> Un Código de *Compliance* está constituido por un conjunto de directrices que tienen por objeto establecer las conductas aceptables para los miembros de un grupo en particular, asociación o profesión, de manera que permiten a las empresas incorporar a través de declaraciones de principios y valores, fundamentos morales y éticos. Es en definitiva, un documento que recoge los elementos citados, en el que se establecen las pautas de conducta que deben respetarse por los trabajadores de la empresa, y debe reflejar el principio de diligencia que debe regir en la empresa, para la prevención, detección y erradicación de irregularidades relacionadas con el incumplimiento de este Código.[26]

Essa concepção leva as pessoas jurídicas ao necessário gerenciamento e à administração de suas próprias empresas através de programas precisos de conformidade, nos quais os possíveis riscos são essencialmente estudados, a fim de evitar possíveis infrações e, quando apropriado, identificá-los e puni-los, e tudo isso com o objetivo de implementar uma cultura baseada no respeito a normas éticas e legais.

Assim, segue-se contextualizando o *compliance* no Direito Penal Econômico brasileiro.

Vinícius. *Compliance 360°*: Riscos, estratégias, conflitos e vaidades no mundo corporativo. São Paulo: Trevisan, 2012, p. 30.

[26] SÁNCHEZ, Álvaro García. *La responsabilidad penal de las Personas Jurídicas en el Ordenamiento jurídico español*: desarrollo de un modelo de prevención de delitos (*Compliance* program) Tese (Doutorado). 640f. Direito Empresarial. Universidad Europea, Madrid, 2017, p. 292.

CAPÍTULO II - *COMPLIANCE*: CONCEITO E ABRANGÊNCIA

2.1 HISTÓRIA DO *COMPLIANCE*

Toda sociedade é moldada por regras e convenções que determinam se uma conduta é própria ou imprópria, normalmente baseadas em valores morais. Assim, o *compliance* inicialmente era empregado na proteção dos consumidores, a fim de beneficiar o controle estatal. Por exemplo, no início do século XX surgiram as primeiras regulações relativas à comida e à bebida nos Estados Unidos.[27] Tais normas serviam como proteções básicas ao consumidor, controlando rótulos de produtos, focando em políticas de segurança.

Após a queda da bolsa de valores em 1929, a confiança no mercado de capitais precisava ser restaurada para recuperação da economia. Para conter a Grande Depressão, os Estados Unidos apresentaram em 1933 o *New Deal*, que consistia em uma série de programas, projetos de obras públicas, reformas financeiras e regulamentos para a retomada econômica.

Até então, o mercado de valores mobiliários era pouco regulamentado pelo governo dos Estados Unidos. Dentre as ações do *New Deal*, foi criada em 1933 a Lei de Valores Mobiliários para aumentar a confiança no mercado de capitais, exigindo a divulgação uniforme de informações sobre ofertas de títulos públicos. Em 1934, o poder de execução da lei foi transferido para a recém-criada agência reguladora *U.S. Securities and Exchange Commission* (SEC).

Isso já poderia ser considerado, de certa forma, uma forma de regulamentação para estar em conformidade com a lei.

Ao longo do tempo, as regras no mercado financeiro começaram a endurecer. Em 1940, com as leis *Investment Advisers Act* e *Investment Company Act*, os Estados Unidos passaram a exigir que empresas ou profissionais que oferecessem consultoria em investimentos tivessem

---

[27] A GUIDE TO COMPLIANCE: A brief history. *Convergepoint*. Disponível em: https://www.convergepoint.com/compliance-software-sharepoint/a-guide-to--compliance-a-brief-history/. Acesso em: 19 dez. 2019.

registro na SEC e estivessem em conformidade com os regulamentos. O objetivo era claro: proteger os investidores de possíveis fraudes.

Posteriormente, houve uma maior preocupação em criar mecanismos de prevenção aos crimes econômicos, sendo um dos marcos a lei americana denominada *Foreign Corrupt Practices Act* (FCPA), promulgada pelo Congresso dos EUA em 1977, destinada a criar sanções cíveis, administrativas e penais no combate à corrupção comercial internacional.

Alguns escândalos no Departamento de Defesa dos Estados Unidos conduziram para a necessidade de criação, por parte do governo, de guias de criação, adoção e implementação de práticas éticas. A criação de tais iniciativas reconheceu a responsabilidade do contratante em garantir práticas comerciais éticas em nome do governo.[28] Porém, nenhuma lei teve e tem tanto impacto quanto a *Foreign Corrupt Practices Act*. Nunca se viram tantas multas milionárias sendo aplicadas e tantos executivos sendo punidos, em especial por causa de um de seus dois aspectos relevantes: o foco na corrupção de autoridades estrangeiras.[29]

Ademais, o FCPA não deixa de ser uma forma de controle das entidades norte-americanas aos estados estrangeiros, bem como uma forma de aumentar os lucros nas empresas norte-americanas que tinham operações internacionais.

Após a abertura comercial do Brasil nos anos 1990, o país precisou de muita pressão de órgãos internacionais como a Organização das Nações Unidas e a Organização para Cooperação e Desenvolvimento Econômico para regular o mercado interno. Em 1992, foi publicada a Lei de Improbidade (Lei n. 8.429/92), e em seguida, em 1996, a Lei de Concorrência Desleal (Lei n. 9.279/96).

---

28 A GUIDE TO COMPLIANCE: A brief history. *Convergepoint*. Disponível em: https://www.convergepoint.com/compliance-software-sharepoint/a-guide-to--compliance-a-brief-history/. Acesso em: 19 dez. 2019.

29 COLARES, Wilde Cunha. *Ética e Compliance nas Empresas de Outsourcing*. 199 f. Monografia (LLM – Legal Law Master) Programa de pós-graduação em Direito. São Paulo: Insper, 2014.

CAPÍTULO II – *COMPLIANCE*: CONCEITO E ABRANGÊNCIA

Já em 2011, a lei de defesa da concorrência, originalmente de 1994, foi atualizada e o Conselho Administrativo de Defesa Econômica teve suas funções alteradas. Em 1998, foi publicada a Lei de Lavagem de Dinheiro, atualizada em 2012, criando o Conselho de Controle de Atividades Financeiras (Coaf).

Nesse mesmo ano, o Código Penal recebeu o acréscimo do artigo 337-B sobre corrupção ativa em transações comerciais internacionais. A OCDE seguiu seu trabalho e avaliou o país em duas oportunidades, recomendando a edição de normas mais rigorosas de combate à corrupção. Assim, foi apenas em 2013 que a legislação anticorrupção, Lei n. 12.846/2013, foi publicada, entrando em vigor em janeiro de 2014.

A Lei Anticorrupção trouxe importantes alterações legislativas, como a imposição de responsabilidade objetiva a pessoas jurídicas, nos âmbitos administrativo e civil, pela prática de atos contra a administração pública, nacional ou estrangeira. Ao lado disso, também estabeleceu a responsabilização individual de dirigentes ou administradores das empresas por atos ilícitos, a ser atribuída somente na medida de sua culpabilidade.

O rigor das sanções previstas é um assunto que tem merecido especial atenção, visto que há previsão de severas penalidades. No campo da responsabilização administrativa, prevê-se a aplicação de multa variando entre 0,1% e 20% do faturamento anual bruto e publicação da decisão condenatória. Enquanto no campo da responsabilização judicial, a lei estabelece a possibilidade de perdimento de vantagem ou proveito do crime, suspensão ou interdição parcial das atividades, dissolução compulsória e proibição de receber incentivos de órgãos e instituições financeiras públicas de 1 a 5 anos.

Ainda que brevemente, cumpre mencionar outras novidades trazidas pela lei, como o incentivo à adoção de programas de *compliance* por parte das empresas e os acordos de leniência. Em relação ao *compliance*, objeto deste estudo, a lei outorga a responsabilidade inicial de combate à corrupção às próprias empresas, em vez de deixá-la a cargo somente dos entes estatais. Essa lógica está inserida dentro de um tema atual, que é o da governança corporativa. Busca-se, assim, uma "autorregulação regulada", como se verá mais detidamente a seguir.

Assim, a Lei Anticorrupção estabelece em seu art. 7º, VIII, que na aplicação das sanções previstas serão levados em consideração "a existência de mecanismos e procedimentos internos de integridade, auditoria e incentivo à denúncia de irregularidades e a aplicação efetiva de códigos de ética e de conduta no âmbito da pessoa jurídica". Entende-se que os programas de *compliance* apontam, primeiramente, a orientação da direção empresarial a determinados fins e valores éticos. Depois, sua função é estabelecer parâmetros e procedimentos para dar cumprimento aos valores eleitos.

2.2 A AUTORREGULAÇÃO REGULADA, SEUS BENEFÍCIOS, DESAFIOS E PROBLEMAS

Conforme visto, a criminalidade econômica teve uma mudança drástica nas últimas décadas, principalmente em âmbito internacional. Os crimes econômicos ficaram em evidência e vêm tomando novos formatos.

Os delitos econômicos, diferentemente dos demais, são eivados de complexidade, haja vista que quase sempre têm alguma intersecção com outra área do Direito, tais como tributário, societário, trabalhista, etc. Assim, são duas premissas a serem consideradas. A primeira delas é que não é possível mais enxergar o Direito Penal apenas de um prisma nacional, como já tivemos a oportunidade de referir aprofundadamente. A segunda diz respeito ao papel do penalista na resolução de conflitos em realidades internas.[30]

Diante de tal complexidade, o Estado não tem condições de vigiar todas as ações – e nem deve – que concernem à atividade empresarial, nascidas num contexto econômico globalizado.

Dentro desse contexto, surge a autorregulação regulada (*enforced self-regulation*), que nada mais é que uma forma de regulação estatal no mundo empresarial, subordinada a fins ou interesses pré-determinados

---

[30] SILVEIRA, Renato de Mello Jorge; SAAD-DINIZ, Eduardo. *Compliance, direito penal e a lei anticorrupção*. São Paulo: Saraiva, 2015, p. 68.

CAPÍTULO II – *COMPLIANCE*: CONCEITO E ABRANGÊNCIA

pelo Estado, que reorienta seu interesse à distância.[31] Em outras palavras, é um instrumento de prevenção da própria pessoa jurídica.

Sobre o tema, Berini[32] exprime que:

> ...da necessidade de reformar o sistema regulatório do setor financeiro e econômico, mediante o estabelecimento de um regime misto que inclua a participação ativa e equilibrada dos atores públicos e privados, com o fim de garantir o cumprimento real e efetivo do marco normativo que vigora a atividade. A investigação empírica mostra que as organizações são mais propensas a cumprir com seus compromissos de autorregulação quando elas mesmas estão sujeitas à estrita vigilância de um ente institucional estabelecido.

Da perspectiva empresarial, há muita coerência na autorregulação regulada. Isso porque a empresa tem uma capacidade muito superior à do Estado para vigiar e regular suas próprias operações, considerando o contexto de atividade, setor de risco, número de funcionários etc.

Há, em verdade, uma transferência do poder estatal de vigiar, investigar e punir o empresário privado ante a incapacidade e ineficiência estatal. Schünemann menciona que a criminalidade empresarial englobaria todo o âmbito dos delitos econômicos, em que se lesionam bens jurídicos e interesses próprios dos colaboradores de empresa, sendo assim a parte mais importante da criminalidade econômica.[33]

---

[31] COCA VILA, Ivó. "¿Programas de Cumplimiento como forma de autorregulação regulada?". *In*: SILVA SÁNCHEZ, Jesús-María; FERNÁNDEZ, Raquel (Coord.). *Criminalidad de Empresa y Compliance*: prevención y reacciones corporativas. Barcelona: Atelier, 2013, p. 51.

[32] BERINI, Arturo G. de L. "Autorregulación empresarial, ordenamento jurídico y derecho penal: pasado, presente y futuro de los limites jurídico-penales al livre mercado y a la libertad de empresa". *In*: SILVA SÁNCHEZ, Jesús-María; FERNÁNDEZ, Raquel (Coord.). *Criminalidad de Empresa y Compliance*: prevención y reacciones corporativas. Barcelona: Atelier, 2013, p. 96.

[33] SCHÜNEMANN, Bernd. *Cuestiones basicas de dogmatica juridico-penal y de politica criminal acerca de la criminalidad de empresa*. Tradução para o espanhol: Daniela Bruckner

São três os possíveis modelos de cumprimento da autorregulação regulada: (i) no primeiro deles, o Estado cede a regulação ao ente privado, mas mantém o poder-dever de supervisionar e sancionar; (ii) no segundo, o Estado mantém apenas a possibilidade de revisão, concedendo à empresa a regulação, supervisão e sanção; e (iii) no terceiro, Estado e empresa trabalham de forma conjunta, criando um sistema específico de regulação.[34]

Percebe-se que muitas empresas já vêm adotando regulações internas próprias, ocupando não só um cenário econômico-financeiro, mas também padrões éticos de atuação empresarial.[35] Uma empresa com responsabilidade social corporativa, que é aquela que adota esse tipo de cultura e regulação, terá um programa de *compliance* estruturado, que contenha padrões de direção e supervisão da empresa, visando implementar uma cultura de cumprimento que assegure a observância das leis por intermédio da prevenção e identificação das infrações.[36]

Dessa forma, conforme assevera Lothar Kuhlen, pode-se considerar o *compliance* como uma forma de autorregulação por três diferentes razões. A primeira delas concerne aos interlocutores decisivos na interação com o Estado, que são as empresas. Através da autorregulação, e, consequentemente, do *compliance*, o Estado cria estímulos para que as empresas se comportem de maneira desejada. Sobre o tema, menciona o autor:

> Asimismo, explica por qué el Estado no demanda de las empresas cualquier forma de cooperación, sino precisamente una organización de *compliance* a figurar en detalle por ellas mismas.

---

e Juan Antonio Lascurain Sanchez. Anuario de Derecho Penal y Ciencias Penales, Madrid, tomo XLI, fase I, enero/abril, 1988, p. 9.

[34] COCA VILA, Ivó. "¿Programas de Cumplimiento como forma de autorregulação regulada?". *In*: SILVA SÁNCHEZ, Jesús-María; FERNÁNDEZ, Raquel (Coord.). *Criminalidad de Empresa y Compliance*: prevención y reacciones corporativas. Barcelona: Atelier, 2013, p. 51.

[35] CAVERO, Percy García. *Criminal compliance*. Lima: Palestra, 2014, p. 16.

[36] CAVERO, Percy García. *Criminal compliance*. Lima: Palestra, 2014, p. 16.

Ello se debe a que governar por sí mismo dentro de las empresas saturaría al Estado y podría en riesgo las ventajas de la división de trabajo entre Estado y economía.[37]

Um segundo ponto acerca da interpretação do *compliance* como forma de autorregulação está conectado com a ideia de ampliação do panorama dos outros tipos de autorregulação, colocando o *criminal compliance* como forma juridicamente permitida, como, por exemplo, no Código Alemão de *Corporate Governance*. Esse código, elaborado em 2002 e com revisão e publicação anual, contém normas legais sobre condução empresarial da sociedade alemã que trabalham com a bolsa de valores, bem como padrões de atuação de boa governança.

Em terceiro lugar, interpretar o *compliance* como forma de autorregulação é útil porque ampara os problemas penais enfrentados pela dogmática penal há anos discutidos entres os penalistas, conforme explana Kuhlen:

> ...la interpretación del *compliance* como forma de autorregulación es de utilidade porque dirige la mirada a paralelismos entre los esfuerzos sobre *compliance* y el establecimiento y realización estatales de normas reforzadas penalmente; es definitiva, a problemas normativos que ocupan a los penalistas desde hace tiempo.[38]

Isso posto, nos dizeres de Renato de Mello Silveira e Eduardo Saad-Diniz,[39] a autorregulação converteu-se em uma irrefutável dinâmica característica da sociedade de risco, de forma que a responsabilidade da pessoa jurídica é tida como uma responsabilidade ligada aos programas de *compliance*.

---

[37] KUHLEN, Lothar; MONTIEL, Juan Pablo; GIMENO, Íñigo Ortiz de Urbina. *Compliance y teoria del derecho penal*. Madrid: Marcial Pons, 2013, p. 69.

[38] KUHLEN, Lothar; MONTIEL, Juan Pablo; GIMENO, Íñigo Ortiz de Urbina. *Compliance y teoria del derecho penal*. Madrid: Marcial Pons, 2013, p. 70.

[39] SILVEIRA, Renato de Mello Jorge; SAAD-DINIZ, Eduardo. *Compliance, direito penal e a lei anticorrupção*. São Paulo: Saraiva, 2015, p. 68.

Nesse sentido, a sociedade de risco caracteriza-se quando há risco em todas as atividades, como explana Ulrich Beck:

> "Sociedade de risco" significa que vivemos em um mundo fora de controle. Não há nada certo além da incerteza. Mas vamos aos detalhes. O termo "risco" tem dois sentidos radicalmente diferentes. Aplica-se, em primeiro lugar, a um mundo governado inteiramente pelas leis da probabilidade, onde tudo é mensurável e calculável. Esta palavra também é comumente usada para referir-se a incertezas não quantificáveis, a "riscos que não podem ser mensurados". Quando falo de "sociedade de risco", é nesse último sentido de incertezas fabricadas. Essas "verdadeiras" incertezas, reforçadas por rápidas inovações tecnológicas e respostas sociais aceleradas, estão criando uma nova paisagem de risco global. Em todas essas novas tecnologias incertas de risco, estamos separados da possibilidade e dos resultados por um oceano de ignorância.[40]

2.3 OS PROGRAMAS DE COMPLIANCE COMO PANÓPTICO EMPRESARIAL

O termo *compliance*, que vem do inglês *to comply* (cumprir), é mais disseminado na ciência da administração, economia e gestão de negócios. Ocorre que, com as diversas influências tecnológicas e a internacionalização da economia, os bens jurídicos difusos e coletivos, bem como o Direito Penal Econômico, vêm aplicando o *compliance* na sua área de atuação de forma cada vez mais frequente.

Conforme se vem expondo, o *compliance* é, em verdade, uma cultura empresarial baseada em valores que devem ser implementados dentro da organização empresarial. Nesse sentido, coloca Bacigalupo:

---

[40] BECK, Ulrich. *Sociedade de risco*: rumo a uma outra modernidade. São Paulo: Editora 34, 2011, p. 14.

CAPÍTULO II - *COMPLIANCE*: CONCEITO E ABRANGÊNCIA

> Los valores se refieren, basicamente, al fin que justifica uma aación y están em la base de uma ética normativa empresarial que se expressa em um código de deberes de actuar o de omitir acciones em cirncunstancias concretas que denominamos reglas de conducta. En cada situación concreta estas reglas de conducta deben ser aplicadas mediante su interpretación y adaptación al contexto de la decisión.[41]

Nessa esteira, e conforme referido anteriormente, os crimes mudaram sua maneira de ser, adequando-se à contemporaneidade, alcançando maior complexidade. Isso exige do aparato estatal alto grau de intervencionismo nas relações sociais para a proteção dos bens jurídicos. Porém, a necessária análise, investigação e definição dos critérios na produção de medidas criminais não vêm ocorrendo.

O que vem sendo feito, quase como uma tendência "natural", é delegar a função de proteção dos bens jurídicos, de que o Estado não tem capacidade de cuidar, para o setor privado. Isso pode ser feito de diversas maneiras, mas uma delas é, por exemplo, a concessão de benefícios em licitações, redução de multas administrativas etc. Isto posto, é importante proceder a uma sistematização da evolução legislativa do *compliance* para chegarmos ao ponto em que nos encontramos atualmente.

Note-se que a base de qualquer programa de *compliance* que englobe a autorregulação regulada é a ética. No campo da filosofia, a ética pode ser subdividida em duas classificações: a ética normativa e a ética especulativa.

A ética normativa é aquela que está inserida na lei e nas regras em geral, que assegurem e satisfaçam o objetivo que pretendem alcançar, para que a sociedade atinja seus benefícios. Normalmente, é apoiada em princípios morais e culturais, ao passo que a ética especulativa é anterior

---

[41] BACIGALUPO, Enrique. *Compliance y derecho penal*. Navarra: Aranzadi, 2011, p. 17.

à ética normativa, já que pretende quantificar e avaliar os fenômenos éticos, atribuindo-lhes valores segundo os costumes.[42]

Nesse sentido, surge a ética empresarial, que teve origem nos Estados Unidos, por volta da década de 1960, em que começaram a serem descobertos alguns escândalos de corrupção. Isso intensificou a necessidade pujante da ética empresarial, que nos dizeres do Prof. Calixto Salomão Filho: "Não pode mais o direito empresarial ser meramente passivo observador e receptor dos dados da vida empresarial. Ao transformar esses dados em valores, influencia o próprio conhecimento da vida econômica".[43]

É nesse escopo que surge o *compliance*, intimamente conectado com a ética empresarial, haja vista que esta última pode ser conceituada como o conjunto de regras de condutas a que as empresas se submetem. Tais normas diferenciam-se das regras comuns, pois no meio empresarial tais regras são mais específicas e necessitam de maior rigor ético.[44] Nesse sentido, expõe Bobbio:

> Tais regras geralmente diferem do conjunto das normas da moral comum ou por excesso ou por defeito, vale dizer, ou porque impõem aos membros da corporação obrigações mais rígidas ou porque os isentam de obrigações impraticáveis, como a de dizer a verdade no caso do médico diante do paciente atingido por uma doença incurável. Nada impede que se chamem as éticas profissionais de morais singulares, no mesmo sentido em que se fala na teoria jurídica de direitos singulares, tanto mais que os próprios usuários adoram atribuir a elas um nome específico e particularmente chamativo para sua solenidade: deontologia.[45]

---

[42] LUCCA, Newton de. *Da ética empresarial*. São Paulo: Quartier Latin, 2009, p. 76.
[43] FILHO, Calixto Salomão. *O novo direito societário*. 2. ed. São Paulo: Malheiros Editores, 2002, p. 20.
[44] LUCCA, Newton de. *Da ética empresarial*. São Paulo: Quartier Latin, 2009, p. 341.
[45] BOBBIO, Norberto. *Elogio da serenidade e outros escritos morais*. Tradução de Marco Aurélio Nogueira. São Paulo: Editora Unesp, 2002, p. 64.

CAPÍTULO II - *COMPLIANCE*: CONCEITO E ABRANGÊNCIA

Assim, com a imposição de cada vez mais deveres de fiscalização sendo repassado pelo Estado aos particulares, cria-se dentro das empresas uma atmosfera de constante vigilância e controle, sendo importante traçarmos um paralelo com o conceito de "panóptico" desenvolvido por Jeremy Bentham.

2.3.1 O conceito de "panóptico" em Jeremy Bentham aplicado ao ambiente empresarial e à atividade do *compliance officer*

A fim de tratar dessa (im)possibilidade de responsabilização do *compliance officer*, objeto do nosso estudo, um conceito que deve ser trazido, para o aprimoramento do pensamento e reflexões mais profundas acerca das funções desse profissional, relativamente à lógica estrutural e institucional das empresas, é o do "panóptico", introduzido no momento ainda incipiente da Revolução Industrial, mas que adquiriu novas interpretações especialmente por cientistas de linha foucaultiana.

Panóptico é um termo composto grego que significa "vê tudo". Foucault[46] descreveu o princípio do "panopticismo" como "garantir uma vigilância que fosse global e individualizadora, ao mesmo tempo em que manteria os indivíduos sob observação".

O panóptico, dessa maneira, é um conceito derivado das letras e do desenho arquitetônico do reformador social inglês Jeremy Bentham (1748-1832). Esse modelo serviu predominantemente como um ponto de partida teórico e polêmico comum para os estudos de vigilância, inclusive culminando no pensamento de Gilles Deleuze e Michel Foucault.

O panóptico é o nome dado por Jeremy Bentham ao projeto de uma prisão. Trata-se de uma prisão circular, em que um único observador, posicionado no centro da estrutura, pode observar todas as celas, situadas ao longo de toda a circunferência. Com isso, cria-se

---

[46] FOUCAULT, Michel. *Power/Knowledge*: Selected Interviews and Other Writings. New York: Pantheon Books, 1980, p. 6.

a percepção de constante vigilância, a qual poderá, de forma bastante eficaz, ser desempenhada por uma única pessoa.

Tratar do panóptico, em outras palavras, é frequentemente referenciar apenas às palavras de Foucault, não à interpretação distinta de Bentham. Mas o panóptico, de fato, não é apenas um nome ou título de um edifício cunhado por Bentham, é um projeto político sustentado e um desenho esquemático de um liberalismo reformista. Foi, em outras palavras, uma expressão de uma filosofia política muito mais ampla, repleta de um desenho arquitetônico condicionada a seus efeitos pretendidos. As principais contribuições teóricas e políticas de Foucault não podem ser compreendidas sem notar os desvios, interpretações, omissões estratégicas e rejeição total das passagens da série de cartas de Bentham sobre o panóptico.

Os escritos panópticos de Bentham foram desenvolvidos e subsequentemente publicados como uma série de cartas em face de um desenho arquitetônico de uma prisão que invoca uma forte imagem visual de linhas de visão e pontos de vista racionalmente estruturados. Eles conotam um "plano em construção", uma proposta para capturar a imaginação do leitor, com um resumo abrangente das vantagens arquitetônicas do panóptico. Em conjunto, essas cartas de Bentham invocam um plano que incorpora uma teoria do poder.

Nos termos próprios de Bentham:

> O conjunto deste edifício é como uma colmeia a partir da qual cada célula é visível a partir de um ponto central. O inspetor invisível reina como um espírito; mas esse espírito pode, se necessário, dar imediatamente provas de uma presença real. Essa prisão será chamada de panóptica, para expressar em uma palavra sua vantagem essencial: o poder de ver, com apenas um olhar, tudo o que acontece lá.[47]

---

[47] BENTHAM, Jeremy. *El Panóptico*. Londres, 1791. Disponível em: http://www.pensamientopenal.com.ar/system/files/2014/10/doctrina39886.pdf. Acesso em: 22 ago. 2019.

CAPÍTULO II – *COMPLIANCE*: CONCEITO E ABRANGÊNCIA

O modelo panóptico de Bentham, dessa maneira, de caráter político e como um sistema social, comporta uma rede de vigilância que combina todo tipo de informação: imagens, sons, dados, ambiente digital, e-mails, movimentos, ligações telefônicas, informações genéticas, padrões de comportamento.[48]

Nesse momento, é importante nos referirmos à análise de Foucault sobre o panóptico, coincidente com os modos de controle fabris. As mudanças foram viabilizadas, em grande medida, pela disseminação de calculadoras, de planilhas eletrônicas e, em especial, de computadores, nas organizações, que, "num primeiro momento, ficavam restritos a espaços específicos de áreas destinadas ao processamento de dados, os chamados Centros de Processamento de Dados".[49]

Essa primeira fase de automação introduz uma programação cada vez mais cerrada do trabalho, que reduz ainda mais a iniciativa do trabalhador (o operador substitui o operário), mas também simultaneamente as necessidades de vigilância. O olhar do senhor agora é o artefato eletrônico: "Ela tem a força da lógica matemática e a violência da calmaria".[50]

Inaugura-se, então, uma outra fase na história do controle nas organizações e, também, fora delas: o olho eletrônico passa a substituir o olho do chefe.

> A lógica do panóptico, agora potencializada pelo virtual, permanece preservada. O controle se dá de modo que a qualquer

---

[48] HERRERA, Célida G. "El panóptico moderno. A parte rei". *Revista de Filosofia*, jul. 2006, p. 2.
[49] BESSI, Vânia Gisele; ZIMMER, Marco Vinício; GRISCI, Carmem Ligia Iochins. "O panóptico digital nas organizações: espaço, temporalidade e controle no mundo do trabalho contemporâneo". *O&S*, vol. 14, n. 42, jul./set. 2007, p. 83.
[50] PERROT, Michelle. *Os excluídos da história*: operários, mulheres e prisioneiros. Rio de Janeiro: Paz e Terra, 2017, p. 80.

momento um pode ver/vigiar sem ser visto, de forma a que outro se sinta vigiado a todo o momento.[51]

(...)

Implica, ainda, tomar o novo paradigma como um dispositivo tecnológico de controle que age sem restringir o sujeito a espaços confinados. Hoje, a captura do sujeito independe da imobilidade que outrora lhe impunham as instituições totais, de forma que o controle pudesse ser exercido. Nesse contexto, a atual configuração que o espaço-temporalidade assume contribui para a passagem do sujeito de uma situação de controle por confinamento para a de autocontrole.[52]

Nesse sentido, a cultura da vigilância e do controle persiste nas organizações até os dias atuais: "Talvez o panóptico esteja invisível, nos corredores, nas salas, nos auditórios, na comunicação visual, nas 'romantizadas' identidades corporativas e dentro de cada gestor ou empregado".[53]

2.3.2 O panóptico na perspectiva de Michel Foucault e sua aproximação com a lógica do *compliance*

Uma das características mais marcantes de nossa sociedade contemporânea é a visibilidade. Atualmente, podemos afirmar que o mundo é digital e que a imagem é figura de destaque nesse cenário. As novas tecnologias trouxeram consigo um paradoxo: se por um lado é cada vez maior o isolamento, o individualismo, e a consequente solidão em que

---

[51] BESSI, Vânia Gisele; ZIMMER, Marco Vinício; GRISCI, Carmem Ligia Iochins. "O panóptico digital nas organizações: espaço, temporalidade e controle no mundo do trabalho contemporâneo". *O&S*, vol. 14, n. 42, jul./set. 2007, pp. 93/94.

[52] BESSI, Vânia Gisele; ZIMMER, Marco Vinício; GRISCI, Carmem Ligia Iochins. "O panóptico digital nas organizações: espaço, temporalidade e controle no mundo do trabalho contemporâneo". *O&S*, vol. 14, n. 42, jul./set. 2007, p. 83.

[53] SILVA, Marcelo da; CASTRO, Mônica Aparecida de. "Comunicação e gestão organizacional em tempos de vigilância e controle: do panóptico ao binóculo". *Dispositiva*, vol. 2, n. 2, jun. 2014, p. 54.

CAPÍTULO II – *COMPLIANCE*: CONCEITO E ABRANGÊNCIA

vivem as pessoas, fechadas em seu pequeno mundo digital, por outro, os limites da privacidade estão cada vez mais alargados, e fatos corriqueiros da vida particular de cada um se tornam objeto de divulgação e, não raro, viram notícia.

Um exemplo pertinente, nesse contexto, é o programa televisivo *Big Brother*, em que, à semelhança do projeto idealizado por Bentham, participantes são colocados dentro de uma casa, em situação de um confinamento voluntário, sem contato com o mundo exterior e sujeitos a constante vigilância. As imagens de sua vida no interior da casa passam, então, a ser objeto de escrutínio do público em geral, fazendo com que todas as atenções se voltem para aquilo que é privado e cotidiano.

Nesse sentido, além do referido fenômeno, atualmente se observa também o emprego crescente de tecnologias em diversos níveis, como satélites e rastreadores, assim como há um inquantificável número de fotos, vídeos e dados circulando a todo o momento. Com isso, é presente em todos nós a ideia de constante vigilância, tanto por parte da própria população – que vigia e controla a todo tempo comportamentos e situações da vida alheia –, como também dos poderes públicos – que cada vez mais captam conversas, quebram sigilos e têm acesso a informações e dados que antes eram de conhecimento restrito.

Como consequência desses complexos fatores, cria-se um ambiente em que ao mesmo tempo em que todos vigiam, todos se sentem constantemente vigiados, controlados, receosos de que suas ações cotidianas ou profissionais, suas opiniões ou comportamentos, possam se tornar o centro de mais um espetáculo. Uma espécie de *Big Brother* da vida real.

O mesmo fenômeno ocorre com relação à criminalidade. Diariamente, um grande número de fatos delituosos é noticiado pelas mídias. Grande parte das matérias divulgadas, no intuito de contribuir para prevenção, informação e segurança da coletividade, acaba por gerar uma permanente sensação de medo, além de expor, sem as devidas cautelas, as pessoas envolvidas no delito. Muitos cidadãos, autoridades públicas e empresas acabam por ter sua reputação abalada, quando não destruída, diante de tamanha exposição.

Existe, portanto, como se pode presumir, uma íntima relação entre vigilância e poder. Isso porque a vigilância pode acarretar importantes efeitos e consequências sobre as esferas individuais e coletivas. Nesse sentido, Rômulo Ballestê Marques dos Santos e Francisco Teixeira Portugal, ao tecer interessante análise sobre a obra de Foucault, asseveram que:

> A vigilância tornou-se atualmente tema central nas análises sobre o poder. Consideramos, contudo, que seu modo de funcionamento se configura para além da onipresença cotidiana dos aparatos tecnológicos de visibilidade e vigilância. A vigilância está ancorada na visibilidade que se constitui no encontro dos enunciados dos dispositivos discursivos com práticas não-discursivas. O encontro dos enunciados do direito penal com as práticas de encarceramento dos dispositivos prisionais torna visível, por exemplo, a delinquência.[54]

Ainda nessa linha de raciocínio, a detenção dos meios de vigilância torna-se um meio muito eficaz de controle e poder. É no sentido do exercício de controle e poder que a leitura de Michel Foucault do modelo de panóptico pensado por Bentham se constrói:

> Daí o efeito mais importante do Panóptico: induzir no detento um estado consciente e permanente de visibilidade que assegura o funcionamento automático do poder. Fazer com que a vigilância seja permanente em seus efeitos, mesmo se é descontínua em sua ação; que a perfeição do poder tenda a tornar inútil a atualidade de seu exercício; que esse aparelho arquitetural seja uma máquina de criar e sustentar uma relação de poder independente daquele que o exerce; enfim, que os detentos se encontrem presos numa situação de poder de que

---

[54] SANTOS, Rômulo Ballestê Marques dos; PORTUGAL, Francisco Teixeira. "O panóptico e a economia visual moderna: do panoptismo ao paradigma panóptico na obra de Michel Foucault". *Revista psicologia política*, vol. 19, n. 44, jan./abr., 2019, p. 37.

CAPÍTULO II – *COMPLIANCE*: CONCEITO E ABRANGÊNCIA

> eles mesmos são os portadores. Para isso, é ao mesmo tempo excessivo e muito pouco que o prisioneiro seja observado sem cessar por um vigia: muito pouco, pois o essencial é que ele se saiba vigiado; excessivo, porque ele não tem necessidade de sê-lo efetivamente. Por isso Bentham colocou o princípio de que o poder devia ser visível e inverificável.
>
> Visível: sem cessar o detento terá diante dos olhos a alta silhueta da torre central de onde é espionado. Inverificável: o detento nunca deve saber se está sendo observado; mas deve ter certeza de que sempre pode sê-lo.[55]

Ao que o autor acrescenta:

> Uma sujeição real nasce mecanicamente de uma relação fictícia. De modo que não é necessário recorrer à força para obrigar o condenado ao bom comportamento, o louco à calma, o operário ao trabalho, o escolar à aplicação, o doente à observância das receitas. Bentham se maravilha de que as instituições panópticas pudessem ser tão leves: fim das grades, fim das correntes, fim das fechaduras pesadas: basta que as separações sejam nítidas e as aberturas bem distribuídas.[56]

É precisamente nesse ponto que se encontram as realidades do panóptico e do *compliance*. Em um Estado regulador como o nosso, para cada setor regulado, há uma infinidade de regras aplicáveis. Nesse cenário, uma grande quantidade de deveres é imposta às empresas, sendo estas obrigadas a seguir constantemente uma série de normas em suas rotinas e atividades. Forma-se, assim, um Estado de prevenção, que autoriza os aparatos estatais a formarem um Estado de vigilância que vai além dos mecanismos penais tradicionais. Busca-se,

---

[55] FOUCAULT, Michel. *Vigiar e punir*: nascimento da prisão. Petrópolis: Vozes, 1987, pp. 224/225.
[56] FOUCAULT, Michel. *Vigiar e punir*: nascimento da prisão. Petrópolis: Vozes, 1987, p. 226.

com isso, uma solução para os déficits de prevenção notados o Direito Penal tradicional.[57]

Em sentido semelhante, observa:

> A ideia de risco é central para o tema do *compliance*. É frequente a assertiva de que os programas de *compliance* sã voltados à prevenção de delitos cometidos no seio da empresa. Ao mesmo tempo, o *compliance* é uma estratégia utilizada para minimizar os riscos reputacionais e legais aos quais a empresa está sujeita, caso ocorram práticas de corrupção e/ou lavagem de dinheiro. Para mitigar os riscos, a estratégia é a prevenção.
>
> (...)
>
> Visando aumentar a segurança, ou ao menos a promessa de segurança, multiplicam-se normas e regulamentos, no âmbito penal, civil e regulatório. O crime, com isso, passa a ser, ele também, um risco. Sgubbi critica o fenômeno, porque num vasto campo da vida econômica e social, a responsabilidade penal surge do simples fato de uma atividade lícita, "neutra", do sujeito que, por si, objetivamente, configura uma mera transgressão, casual, acidental, das prescrições normativas de determinada disciplina administrativa sendo que essas normas não são, muitas vezes, identificáveis pelos destinatários.[58]

Nesse contexto, Silva Sánchez destaca a diferença crucial entre as normas penais e as demais normas proibitivas:

> En el Derecho penal como medio de prevención comunicativa ambos aspectos son muy relevantes. El primero, porque en toda decisión delictiva existe, en cierta medida, un cálculo de costes y beneficios. El segundo, porque pone de relieve que las normas

---

[57] SILVEIRA, Renato de Mello Jorge; SAAD-DINIZ, Eduardo. *Compliance, direito penal e a lei anticorrupção*. São Paulo: Saraiva, 2015, p. 250.

[58] VERÍSSIMO, Carla. *Compliance*: incentivo à adoção de medidas anticorrupção. São Paulo: Saraiva, 2018, pp. 104/105.

CAPÍTULO II – *COMPLIANCE*: CONCEITO E ABRANGÊNCIA

penales no son condicionadas (como una norma técnica, por ejemplo), sino incondicionadas. Su mensaje no es: por tanto: "Si no quieres ir a la cárcel no mates", sino: "No debes matar"; esto es, no se trata sólo de que el comportamiento delictivo puede salir caro, sino de que no debe realizarse en absoluto.[59]

Assim, as observações de Foucault sobre o panóptico de Bentham conformam-se enormemente ao estado de coisas atuais. No ambiente empresarial, através da lógica da prevenção, cria-se dentro das empresas uma constante vigilância. Poderíamos aplicar integralmente os dizeres de Foucault, no sentido de que a legislação atual gera no empresariado "um estado consciente e permanente de visibilidade que assegura o funcionamento automático do poder", para que os empresários "se encontrem presos numa situação de poder de que eles mesmos são os portadores".[60]

Podemos usar como exemplo as empresas que fiscalizam o uso das redes sociais de seus colaboradores e que, em caso de desvio ético ou eventual cometimento de crimes, tal fiscalização pode servir como eventual punição. Ou mesmo a situação em que os funcionários sejam incentivados, e até mesmo constrangidos pela legislação, a fiscalizar e denunciar as práticas irregulares de seus colegas.

A lógica envolvida no conceito de "panóptico" também foi incorporada no pensamento foucaultiano, através de sua proposta da microfísica do poder. É nesse sentido que Camila Machado defende que:

> A organização em "panóptico" de Foucault caracteriza o modo de controle exercido pelas empresas por meio de diversos dispositivos de vigilância utilizados no ambiente corporativo, desde a supervisão das atividades do funcionário por seu superior ou gestor, até uma câmera que filma toda a sua rotina no local de trabalho com

---

59 SILVA SÁNCHEZ, Jesús Maria. *En busca del derecho penal. Esbozos de una teoria realista del delito y de la pena*. Buenos Aires: B de F, 2017, pp. 33/34.
60 FOUCAULT, Michel. *Vigiar e punir*: nascimento da prisão. Petrópolis: Vozes, 1987, p. 224.

os recursos tecnológicos disponíveis na atualidade. (...) A breve análise sobre as relações de poder exercidas na comunicação interna está baseada na microfísica do poder, que é uma investigação dos procedimentos técnicos de poder que realizam um controle detalhado do ser (atitudes, comportamentos e discursos). A comunicação estratégica da empresa com o funcionário promove as relações de poder, direcionando o discurso do mesmo com intuito de gerir as informações corporativas, unificar conceitos e ordenar mensagens para que venham ao encontro da cultura corporativa, dos valores e princípios da organização.[61]

Ainda nesse sentido, Foucault contrapõe duas formas de controle social, quais sejam: a disciplina-bloco, composta pelas proibições e hierarquias, e

...a disciplina-mecanismo, pelas formas de vigilância, para analisar as relações de poder como uma forma de produzir o real, a verdade. Entende as práticas de poder como ferramentas de riqueza estratégica e eficácia produtiva para este fim.[62]

Tais proibições e modelos hierárquicos são institucionalizados pela prática constante da vigilância e do controle informacional e altamente desenvolvido para uma estratégica divisão técnica aos colaboradores, dos quais poucos se tornam efetivamente cientes do conjunto sistemático efetivamente instaurado no âmbito empresarial mais macro.

Assim, o poder, concentrado nas mãos de restritos personagens responsáveis pela prática e organização de ferramentas especificamente

---

[61] MACHADO, Camila S. "As Relações de Poder e a Cultura Corporativa na Comunicação Interna". *Intercom* – Sociedade Brasileira de Estudos Interdisciplinares da Comunicação. 40º Congresso Brasileiro de Ciências da Comunicação. Curitiba, 9 set. 2017, p. 2.

[62] MACHADO, Camila S. "As Relações de Poder e a Cultura Corporativa na Comunicação Interna". *Intercom* – Sociedade Brasileira de Estudos Interdisciplinares da Comunicação. 40º Congresso Brasileiro de Ciências da Comunicação. Curitiba, 9 set. 2017, pp. 3/4.

CAPÍTULO II - *COMPLIANCE*: CONCEITO E ABRANGÊNCIA

direcionadas à garantia da riqueza e da eficácia produtiva, permite que a tomada de decisões em níveis mais sofisticados e complexos — e por isso também mais arriscados à imagem empresarial — esteja de fato protegida contra qualquer tentativa de interferência e publicidade potencialmente danosas.

Portanto, o *compliance officer*, inserido no ambiente panóptico extremamente desenvolvido no contexto empresarial contemporâneo, tem sua visão e, portanto, igualmente seu nível de análise, limitados ao que se apresenta, tanto em dados quanto em lógica comportamental corporativa disponíveis nos corredores e nas amplas salas de uma arquitetura, dessa maneira, talvez somente de forma aparente disposta à transparência e à comunhão com a higidez regulatória e ética exigida — e deficientemente analisada.

Nesse sentido, importam os dizeres de Correa, assertivos sobre o controle inclusive das disponibilidades de ação dos sujeitos no ambiente panóptico empresarial:

> ...el panóptico funciona "como una especie de laboratorio del poder", ya que gracias a los mecanismos con que cuenta para observar a la multiplicidad de hombres que el espacio encierra, tiene fuertes ventajas para ganar en eficacia, y en capacidad para adentrarse en el comportamiento de los sujetos, estableciendo un saber, ya que a través de la observación puede registrar, clasificar, analizar, dividir; haciendo emerger todo un campo documental de los sujetos inmersos en el espacio físico que vigila. Del mismo modo, los mecanismos disciplinarios que se despliegan establecen una normalización y una manera de guiar las posibilidades de acción de los sujetos.[63]

---

[63] CORREA, Valentina Pozo. "Los juegos de poder circunscritos a las empresas: una perspectiva foucaultiana sobre los mecanismos de control presentes en el discurso del management". *Revista Estudios Sociales*. Escuela de Sociología. Universidad Alberto Hurtado, ago. 2007, p. 11.

Por isso, importa levar em consideração que as informações obtidas pelo *compliance officer* são organizadas e estruturadas pela própria empresa foco do trabalho daquele profissional. Também não é segredo a quantidade de técnicas e instrumentos tanto físicos quanto tecnológicos de seleção e filtro de informações no que diz respeito ao seu repasse a terceiros.

O corpo dirigente das empresas e corporações, nesse ambiente de estrutura panóptica, detém informações e dados suficientes para coibir uma ação mais agressiva e assertiva dos profissionais de *compliance*, incorrendo aqueles desde à omissão de dados até a uma apresentação institucional incoerente e discordante com as políticas diariamente implantadas na empresa em questão.

2.4 OS *COMPLIANCE OFFICERS* NO DIREITO BRASILEIRO E O PAPEL DO ADVOGADO

A pessoa do *compliance officer* sempre pertenceu à realidade estadunidense, chegando à realidade europeia principalmente com uma sentença da Corte Federal alemã (*Bundesgerichtshof*), de 17 de julho 2009, em que foi verificada a violação do dever de evitar a prática de delitos em face do cargo do indivíduo.

A referida sentença julgou caso relativo a um erro, em determinada instituição do poder público, quanto ao cálculo de valores a serem pagos com taxas pela população. Um acusado "A" era membro da comissão que detectou o erro, mas nada fez, enquanto um acusado "B" era tido como responsável pela mesma comissão. Após o julgamento, o BGH condenou "B" como autor mediato da fraude, enquanto "A" foi condenado como seu cúmplice, uma vez que se entendeu que "B" detinha a posição de garante enquanto diretor.[64]

---

[64] SILVEIRA, Renato de Mello Jorge; SAAD-DINIZ, Eduardo. *Compliance, direito penal e a lei anticorrupção*. São Paulo: Saraiva, 2015, p. 143.

CAPÍTULO II – *COMPLIANCE*: CONCEITO E ABRANGÊNCIA

Já no Brasil, o Decreto n. 8.420, de março de 2015, que regulamentou a Lei Anticorrupção, trouxe, pela primeira vez na legislação brasileira a figura do responsável pela aplicação do programa de integridade, também conhecido como *compliance officer*.

Compliance officers, portanto, podem ser definidos como profissionais dotados de expertise técnica e de gestão para avaliar os riscos e criar controles internos na empresa, com o objetivo de prevenir ou minimizar os riscos da responsabilidade legal.[65] Trata-se de um cargo de confiança, de natureza de interesse público, resguardando, porém, o interesse da coletividade, com o fim de que a atividade empresarial seja desempenhada com probidade.

O art. 42 do Decreto, que regulamenta o já referido art. 7º, VIII, da Lei Anticorrupção – o qual prevê que será levada em consideração, para fins de abrandamento das sanções impostas pela lei, "a existência de mecanismos e procedimentos internos de integridade, auditoria e incentivo à denúncia de irregularidades e a aplicação efetiva de códigos de ética e de conduta no âmbito da pessoa jurídica" – estabelece que:

> Art. 42. Para fins do disposto no § 4º do art. 5º, o programa de integridade será avaliado, quanto a sua existência e aplicação, de acordo com os seguintes parâmetros:
>
> I - comprometimento da alta direção da pessoa jurídica, incluídos os conselhos, evidenciado pelo apoio visível e inequívoco ao programa;
>
> II - padrões de conduta, código de ética, políticas e procedimentos de integridade, aplicáveis a todos os empregados e administradores, independentemente de cargo ou função exercidos;
>
> III - padrões de conduta, código de ética e políticas de integridade estendidas, quando necessário, a terceiros, tais como, fornecedores, prestadores de serviço, agentes intermediários e associados;

---

[65] BENEDETTI, Carla Rahal. *Criminal compliance*. São Paulo: Quartier Latin, 2014, p. 81.

IV - treinamentos periódicos sobre o programa de integridade;

V - análise periódica de riscos para realizar adaptações necessárias ao programa de integridade;

VI - registros contábeis que reflitam de forma completa e precisa as transações da pessoa jurídica;

VII - controles internos que assegurem a pronta elaboração e confiabilidade de relatórios e demonstrações financeiros da pessoa jurídica;

VIII - procedimentos específicos para prevenir fraudes e ilícitos no âmbito de processos licitatórios, na execução de contratos administrativos ou em qualquer interação com o setor público, ainda que intermediada por terceiros, tal como pagamento de tributos, sujeição a fiscalizações, ou obtenção de autorizações, licenças, permissões e certidões;

IX - **independência, estrutura e autoridade da instância interna responsável pela aplicação do programa de integridade e fiscalização de seu cumprimento**;

X - canais de denúncia de irregularidades, abertos e amplamente divulgados a funcionários e terceiros, e de mecanismos destinados à proteção de denunciantes de boa-fé;

XI - medidas disciplinares em caso de violação do programa de integridade;

XII - procedimentos que assegurem a pronta interrupção de irregularidades ou infrações detectadas e a tempestiva remediação dos danos gerados;

XIII - diligências apropriadas para contratação e, conforme o caso, supervisão, de terceiros, tais como, fornecedores, prestadores de serviço, agentes intermediários e associados;

XIV - verificação, durante os processos de fusões, aquisições e reestruturações societárias, do cometimento de irregularidades ou ilícitos ou da existência de vulnerabilidades nas pessoas jurídicas envolvidas;

XV - monitoramento contínuo do programa de integridade visando seu aperfeiçoamento na prevenção, detecção e combate à ocorrência dos atos lesivos previstos no art. 5º da Lei nº 12.846, de 2013 ; e

CAPÍTULO II – *COMPLIANCE*: CONCEITO E ABRANGÊNCIA

> XVI - transparência da pessoa jurídica quanto a doações para candidatos e partidos políticos. (Grifos nossos).

Dessa forma, pode-se afirmar que o *compliance officer* tem a função precípua de:

> ... desenvolver e gerir o programa de integridade, criar regras e aprimorá-las permanentemente, apoiar a direção da empresa, inclusive, nos processos negociais, fornecer aconselhamento preventivo e treinamento aos integrantes da organização empresarial, introduzir e coordenar os meios de controle para manter o respeito às normas do programa, detectar antecipadamente os desvios, informar frequentemente aos conselhos de direção acerca da situação do programa, de novos riscos identificados e das medidas preventivas, além de executar e/ou coordenar investigações internas e tomar, junto com os diretores, medidas disciplinares punitivas e as destinadas a eliminar os âmbitos de vulnerabilidade da empresa.[66]

Como explanam Renato Silveira e Eduardo Saad-Diniz,[67] o *compliance officer* tem a função de implementação e cumprimento dos códigos assumidos como de acordo com a regulamentação do Estado.

Isto posto, a prática do *compliance officer* pode se dividir em duas vertentes principais: a) a do interesse da empresa em si, mediante a fiscalização interna da empresa que será realizada pelos *compliance officers*, buscando prevenir práticas ilícitas no âmbito interno da empresa; b) busca de um equilíbrio social da empresa com o setor público, em que os *compliance officers* tentarão evitar infrações.[68]

---

[66] LOBATO, José Danilo Tavares; MARTINS, Jorge Washington Gonçalves. "Considerações preliminares acerca da responsabilidade criminal do *compliance officer*". Boletim IBCCRIM, São Paulo, vol. 24, n. 284, jul. 2016, pp. 12-14.

[67] SILVEIRA, Renato de Mello Jorge; SAAD-DINIZ, Eduardo. *Compliance, direito penal e a lei anticorrupção*. São Paulo: Saraiva, 2015, p. 144.

[68] CABETTE, Eduardo Luiz Santos; NAHUR, Marcius Tadeu Maciel. "*Criminal*

Como expõe Azevedo, esse profissional deve cumprir alguns requisitos, tratando especificamente de *fintechs*:

> apresente 'forte equilíbrio emocional' para lidar com situações de conflito, interesses comerciais, eventuais assédios e demais situações diversas, sem colocar em risco a imagem e reputação da respectiva fintech; ii) seja analítico(a) e detalhista quando estiver analisando situações consideradas 'atípicas'; iii) seja firme e confiante para expressar opiniões (que nem sempre irão agradar o restante da empresa); iv) seja equilibrado(a) no tocante ao seu posicionamento e opiniões de modo a não impactar o crescimento e prosperidade da empresa, porém sem colocar em risco a imagem e reputação da instituição; v) tenha senioridade para relacionar-se com órgãos reguladores (BACEN e outros), com a alta Administração da *fintech*;
>
> vi) dotado(a) de padrões éticos muito bem enraizados de forma a não ser influenciado(a) por má conduta...[69]

Para além disso, cumpre mencionar o papel exercido pelo advogado quando atua como *compliance officer*. Assim, quando se indaga qual seria o preparo específico e as competências necessárias para os profissionais que exerçam a função de *compliance officer*, nota-se que, muito embora a função de *compliance officer* possa ser desempenhada por profissionais de diferentes áreas, não raro, são os advogados que assumem essa posição.

Isso se dá tanto em função de seus conhecimentos técnico-jurídicos acerca das variadas matérias legais envolvidas na prática do *compliance* quanto pela prerrogativa de seu sigilo profissional, constante do art. 5º, XIV da Constituição Federal, ao dispor que "é assegurado a todos o acesso à informação e resguardado o sigilo da fonte, quando necessário ao exercício profissional". O sigilo profissional também se

---

compliance" e ética empresarial: novos desafios do direito penal econômico. Porto Alegre: Nuria Fabris, 2013, p. 22.

[69] AZEVEDO, Mareska Tiveron Salge de. *Fintechs, Bancos Digitais e Meios de Pagamento*. São Paulo: Quartier Latin, 2019, p. 241.

CAPÍTULO II – *COMPLIANCE*: CONCEITO E ABRANGÊNCIA

aplica à profissão de advogado, por meio do art. 25 do Código de Ética e Disciplina da OAB, segundo o qual:

> Art. 25. O sigilo profissional é inerente à profissão, impondo-se o seu respeito, salvo grave ameaça ao direito à vida, à honra, ou quando o advogado se veja afrontado pelo próprio cliente e, em defesa própria, tenha que revelar segredo, porém sempre restrito ao interesse da causa.

Ressalte-se que a questão do sigilo profissional dos advogados cumpre um papel crucial nessa discussão, visto que por meio dele poderão ser protegidos segredos empresariais, inerentes à própria atividade desempenhada pela empresa, como também poderá haver repercussão no que se refere às questões criminais tais como busca e apreensão, testemunhos etc. Nesse sentido, consideramos que o advogado é um profissional extremamente qualificado e diferenciado para exercer a função de *compliance officer* nas empresas.

Ainda nesse ponto, frise-se que a advocacia desempenha papel essencial à administração da justiça, sendo sua imprescindibilidade reconhecida constitucionalmente no art. 133, CF, quando dispõe que "o advogado é indispensável à administração da justiça, sendo inviolável por seus atos e manifestações no exercício da profissão, nos limites da lei".

Nesses termos, o sigilo profissional e a confidencialidade dos advogados são pilares do Estado Democrático de Direito. É exatamente por meio dessas prerrogativas a eles atribuídas que qualquer cidadão poderá contar com o auxílio desses profissionais, seja para sua defesa em juízo como para o seu assessoramento, sabendo que sua privacidade certamente será resguardada.

Aprofundando-se um pouco essa percepção, Cervini e Adriasola esclarecem que é preciso se delimitar com clareza a atividade do advogado que se dá de forma lícita – e que, portanto, merece a preservação de todas as garantias atinentes ao seu sigilo profissional – e aquela que ocorre à margem da lei, caso em que o advogado se utiliza dessa vantagem decorrente de seu ofício para assessor seu cliente nos caminhos da ilegalidade, ou, ainda, para juntar-se a ele no desígnio delituoso. Conformem destacam os autores:

> Esse tema teve particular relevância com desenvolvimento do método de prevenção da lavagem de dinheiro e o financiamento do terrorismo. Isso não significa que com antecedência não se tivesse debatido a responsabilidade penal dos profissionais jurídicos, mas é a partir desse fenômeno que a literatura jurídica tem acentuado a análise do desempenho dos profissionais, sobretudo no mundo dos negócios. Isso se deve ao fato de que a essência desse modelo de prevenção é a imposição de cooperação a sujeitos privados que possuem informação da qual carece o Estado, entre os que se encontram profissionais do direito como os tabeliães e – como veremos – também os advogados quando realizam atividades que não são inerentes à esfera do exercício profissional propriamente dito.
>
> Em efeito, o referido fenômeno da lavagem de dinheiro e o sistema de prevenção mediante o deslocamento de deveres de vigilância e controle a sujeitos privados têm gerado preocupação no âmbito dos operadores jurídicos – especialmente advogados e tabeliães – por delimitar o campo de um assessoramento profissional lícito de um assessoramento punível capaz de desembocar em uma participação criminal. Traçar essa fronteira resulta essencial não apenas no âmbito da lavagem de ativos, as também e qualquer outra conduta punível, especialmente aquelas relacionadas com o crime organizado e o direito penal dos negócios.[70]

Ainda segundo suas observações, não existem diferenças entre o dever de sigilo do advogado quando executa atividades litigiosas ou quando realiza o assessoramento jurídico de seu cliente. O que existe, no âmbito de uma defesa criminal, por exemplo, é a incidência de outras garantias e direitos relativos à pessoa do réu, que não podem ser violados:

---

[70] CERVINI, Raúl; ADRIASOLA, Gabriel. *Responsabilidade penal dos profissionais jurídicos*. São Paulo: Revista dos Tribunais, 2013, p. 66.

CAPÍTULO II – *COMPLIANCE*: CONCEITO E ABRANGÊNCIA

> Não se trata de uma diferença quanto a uma maior ou menor intensidade do sigilo profissional. Este vige por igual tanto em matéria litigiosa quanto em matéria de assessoramento. A diferença é que nesta última modalidade de exercício não existem justificações juridicamente relevantes para violentar outros bens jurídicos. E é normal que assim seja, pois no caso do patrocínio juízo criminal o valor em jogo é o devido processo e o direito do cliente de não produzir prova contra si mesmo. Pelo contrário, o assessoramento ou aconselhamento extrajudicial – para não ficar preso na repreensão penal – deve ser sempre necessariamente lícito.[71]

Assim, sendo lícita a ação do advogado, não há que se falar em sua responsabilização em caso de cometimento de infração por parte de seu cliente. Tampouco, em matéria de ilícitos criminais, poderá ser o advogado chamado a depor sobre a conduta de seu cliente, proibição que decorre do art. 207, do Código de Processo Penal, segundo o qual "são proibidas de depor as pessoas que, em razão de função, ministério, ofício ou profissão, devam guardar segredo, salvo se, desobrigadas pela parte interessada, quiserem dar o seu testemunho".

Por fim, registre-se que se vislumbra uma tênue diferença quando se trata do exercício da função de *compliance officer* sendo exercida por advogado contratado para ocupar o cargo como empregado da empresa, e quando, ao contrário, o advogado presta serviço terceirizado, seja no âmbito da implementação, assessoria, fiscalização ou investigação relativas ao *compliance*. Nesse sentido, entende-se que o advogado empregado da empresa poderá ter suas prerrogativas fragilizadas, uma vez que não estará atuando propriamente nas suas funções de advogado, ao passo que o advogado externo estará em pleno gozo de suas garantias constitucionais e legais relativas ao exercício de sua profissão, como a inviolabilidade de seu escritório, de sua comunicação com seus clientes,

---

[71] CERVINI, Raúl; ADRIASOLA, Gabriel. *Responsabilidade penal dos profissionais jurídicos*. São Paulo: Revista dos Tribunais, 2013, p. 111.

de seus documentos, bem como do sigilo das informações que lhe forem prestadas.

Nesse contexto, relativamente ao *compliance officer*, uma vez estabelecidas suas funções e dadas essas observações relativas ao advogado quando atua como *compliance officer*, nos deparamos com uma primeira problemática, que é a posição de garante ocupada por esse profissional, haja vista a delegação de tal função do titular da empresa para o *compliance officer*. Nesse sentido:

> Desde um ponto de vista penal, um problema salta aos olhos, qual seja, o de que a menção ao *compliance officer* pode ser lateral à lei, podendo ser previsto pela mesma, mas não necessariamente. Seria, pois, complementar à norma, obrigando sua previsão, sendo que, no caso de sua não menção, o dever de garante deve recair sobre a alta cúpula da empresa. Ou seja, também seria de se indagar se este poderia vir, e de que modo, ter uma responsabilidade concorrente.[72]

Assim, um primeiro questionamento a ser feito é de que forma o *compliance officer* recebe a responsabilidade e posição de garante, como veremos melhor adiante.

Assertiva que, vale salientar nesse sentido, é a de Elena Pérez:

> Dada la complejidad de las estructuras societarias y las diversas funciones que puede asumir en el entramado empresarial el responsable de cumplimiento, no pueden realizarse aseveraciones de tipo general y abstracto. Se deberán analizar con tiento los supuestos concretos, atendiendo a las características exactas de la figura del *compliance officer*. Así se podrá delimitar si realmente ha asumido la posición de garantía con idéntico

---

[72] SILVEIRA, Renato de Mello Jorge; SAAD-DINIZ, Eduardo. *Compliance, direito penal e a lei anticorrupção*. São Paulo: Saraiva, 2015, p. 144.

CAPÍTULO II – *COMPLIANCE*: CONCEITO E ABRANGÊNCIA

contenido que el delegante o, por el contrario, únicamente lo ha hecho de una función más restrictiva, la de servir de correa transmisora a la cúpula directiva.[73]

O caso mais grave seria aquele em que o responsável pelo *compliance*, de maneira maliciosa, voluntariamente se omitisse perante, por exemplo, a comunicação de uma reclamação ou a investigação interna. Nesse caso, seria inquestionável a imputação de determinada responsabilidade ao *compliance officer*, conforme sua participação nos fatos.

Porém, quando o responsável pelo *compliance* toma conhecimento de uma irregularidade e a comunica à gerência, ou seja, de fato realiza suas funções e competências conforme o esperado, inclusive com a possibilidade nada irrelevante nem incomum de omissão de fatos e dados pela empresa ao *compliance officer*, nada pode lhe ser imputado.

Compartilhamos o entendimento de que sua função precípua é de alertar eventuais delitos dentro da companhia, tendo em vista que seria impossível a assunção de responsabilidade por toda e qualquer conduta ilícita ou indesejada da empresa.[74]

Caso assumisse tal responsabilidade, deveria ter o papel de executivo principal, e não de representante de uma área de assessoria da administração. Porém, tal questionamento será mais bem explorado adiante.

Relativamente às primeiras legislações anticorrupção, uma das primeiras medidas ao combate à corrupção através do Poder Legislativo foi o *Foreign Corrupt Practices Act* (FCPA), criado em 1977, que se restringe a punir os atos de suborno no âmbito do serviço público, com penalidades de, no máximo, cinco anos. A responsabilidade corporativa

---

[73] PÉREZ, Elena Gutiérrez. La figura del *compliance officer*. "Algunas notas sobre su responsabilidad penal". *Diario La Ley,* n. 8653, 25 nov. 2015, p. 7.
[74] COSTA, Helena Regina Lobo da; ARAÚJO, Marinha Pinhão Coelho. "Criminal compliance na AP 470". *RBCCrim,* n. 106, 2013, p. 223.

era relativa, no sentido de que as companhias apenas seriam responsabilizadas pelos atos de corrupção realizados por seus funcionários.[75]

A edição do FCPA marca a primeira forma de enfrentamento substantivo da corrupção comercial transnacional. Em função de uma política criminal desencadeada a partir dos anos de 1970 nos Estados Unidos, vieram à tona importantes escândalos envolvendo empresas norte-americanas, em que se comprovou que estas companhias subornavam agentes públicos estrangeiros em suas relações com outros países.

Conforme explica Carla Veríssimo,[76] essa lei inovou ao trazer duas grandes novidades. Por um lado, ocupou-se em responsabilizar unilateralmente as empresas pelo oferecimento do suborno, e, por outro, previu também sua aplicação extraterritorial.

Em termos práticos, proíbe-se não apenas a oferta de dinheiro, mas também de qualquer bem com valor econômico, como presentes, viagens, refeições ofertas de emprego, entretenimento, doações e outras vantagens que possam beneficiar pessoalmente o funcionário público ou membros de sua família. A FCPA impôs sanções penais e civis para funcionários, administradores e representantes de empresas que pratiquem atos de corrupção no estrangeiro, sejam realizados pelas matrizes ou por suas subsidiárias.

Em seguida, foi a vez de o Reino Unido editar o *UK Bribery Act*, em 2010, sendo este muito mais severo que o FCPA. No caso da legislação britânica, são passíveis de punição tanto os agentes públicos quanto os agentes privados, sendo que as penalidades podem chegar a até 10 anos, bem como o impedimento permanente da participação em

---

[75] MENDES, Francisco Schertel. *Compliance*: concorrência e combate à corrupção. São Paulo: Trevisan Editora, 2017, p. 15.

[76] VERÍSSIMO, Carla. *Compliance*: incentivo à adoção de medidas anticorrupção. São Paulo: Saraiva, 2018, pp. 150/151.

CAPÍTULO II - *COMPLIANCE*: CONCEITO E ABRANGÊNCIA

licitações. Já em relação à responsabilidade corporativa, há inclusive a punição da companhia pela falha em prevenir condutas ilícitas.[77]

Em relação ao Brasil, houve a promulgação da Lei n. 9.613/98, a antiga Lei de Lavagem de Dinheiro, que foi pioneira em criminalizar pessoas físicas e atividades de diversos ramos no tocante ao crime de lavagem de dinheiro. Introduziu, igualmente, instituições e medidas a fim de prevenir a ocorrência de tal crime, como por exemplo a Unidade de Inteligência Financeira (antigo Conselho de Controle de Atividades Financeiras - Coaf), órgão administrativo brasileiro com a finalidade precípua de identificar atividades ilícitas e aplicar penas administrativas.[78]

Como mencionado anteriormente, houve, com a referida lei, a primeira introdução aos mecanismos de *compliance* nas investigações de lavagem de dinheiro, ao estabelecer, por exemplo, o dever de criação de sistemas de identificação dos clientes e manutenção dos registros – art. 10 – ou o dever de comunicação de operações financeiras às autoridades – art.11.[79]

Importante citar aqui algumas normativas pertinentes à discussão em tela, servindo como acessórios administrativos, que acabam por transferir à Administração Pública o complemento das disposições penais.

O primeiro desses "acessórios" é a Resolução n. 2554 do Conselho Monetário Nacional, que estabelece programas de cumprimento de deveres e recomenda a implantação de sistemas de controles internos. No que toca ao Banco Central, são interessantes ao tema as Cartas Circulares, tais como a n. 3.461 e a n. 3.542. A primeira delas apresenta políticas de prevenção, buscando alinhar-se com as normativas internacionais.

---

[77] MENDES, Francisco Schertel. *Compliance*: concorrência e combate à corrupção. São Paulo: Trevisan Editora, 2017, p. 15.
[78] BRASIL. Ministério da Economia. Coaf. "Competências". Disponível em: http://www.coaf.fazenda.gov.br/backup/o-conselho/competencias. Acesso em: 08 jan. 2020.
[79] SILVEIRA, Renato de Mello Jorge; SAAD-DINIZ, Eduardo. *Compliance, direito penal e a lei anticorrupção*. São Paulo: Saraiva, 2015, p. 272.

A segunda delas apresenta algumas operações e situações que poderiam configurar ilícitos aos olhos da Lei n. 9.613/98.

Outra importante norma, ainda na categoria dos "acessórios administrativos", é a Resolução n. 020 da UIF, que visa implementar políticas de prevenção às pessoas jurídicas através de procedimentos específicos, tais como identificação e realização de diligências para qualificação dos envolvidos em operações, identificação do beneficiário final ou mesmo detecção de operações suspeitas.

Por fim, adveio a Lei n. 12.683/12, a atual Lei de Lavagem de Dinheiro, em substituição à Lei n. 9.613/98, que fez mudanças significativas em relação ao combate à lavagem de dinheiro, bem como introduziu os programas de *compliance*.

Trouxe, em seus artigos 10 e 11, um sistema de prevenção ao crime de lavagem de dinheiro, que prevê cinco principais pilares: a) identificação de clientes; b) adoção de políticas, procedimentos e controles internos; c) registro de operações; d) prestação de informações requisitadas pelas autoridades financeiras; e) comunicação, independentemente da provocação pelas autoridades, da prática de operações suspeitas de lavagem de dinheiro ou de valor elevado.

A lei também traz um rol extenso (art. 9°) de pessoas que devem, obrigatoriamente, ser submetidas ao programa de *compliance*, que inclui pessoas físicas e jurídicas, que exerçam tais atividades em caráter permanente ou eventual, como atividade principal ou acessória.

Existem, da mesma forma, normas administrativas, como circulares e resoluções, que vêm sendo cada vez mais veiculadas. Exemplo delas são as resoluções do Conselho Monetário Nacional e da UIF, que servem como diretrizes para regular a atividade financeira de diversos setores do mercado.

Nesse sentido, percebe-se que os programas de integridade visam coibir más práticas e desenvolver um mercado livre, servindo como meio de prevenção aos crimes econômicos. O envolvimento de pessoas jurídicas em um processo criminal pode acarretar em grande risco para

CAPÍTULO II - *COMPLIANCE*: CONCEITO E ABRANGÊNCIA

suas operações, como também para seus funcionários, gerando um impacto negativo que traz sérios prejuízos financeiros.

Diferentemente do Direito Penal tradicional, que apenas trabalha na análise *ex post* de crimes, o *criminal compliance* vem como forma de prevenção, ou seja, faz uma análise similar ao Direito Penal, porém, *ex ante*; ou seja, uma análise de controles internos que visem coibir a prática de crimes.

A complexidade de novas normas, que pretendem regular a atividade empresarial, o que inclui a Lei Anticorrupção, Lei n. 12.846/13, não traz com clareza os limites da legalidade. Assim, é necessário um programa de integridade de ordem subjetiva e objetiva, como entende Enrique Bacigalupo, explicando que:

> ...para minimizar os riscos da empresa por condutas sancionáveis em um sistema normativo altamente complexo é preciso, como adiantamos, uma gestão adequada ao direito (*compliance management*), e, para isso, sugere-se, e na União Europeia em certos casos também se exige, a implantação de um sistema de controle preventivo.[80]

Assim, resta nítida a indissociável conexão entre o *compliance* e o Direito Penal, de forma que a observância das normas de cuidado é um meio de assegurar a prevenção da pessoa jurídica e de seus dirigentes da prática de crimes, minimizando os riscos de responsabilidade penal e reputacionais.

Como exemplo, temos a ação Lava Jato da Polícia Federal, que foi e ainda é um dos mais recentes incentivos para a implantação nas empresas de programas de *compliance*. Nas palavras de Naiana Oscar e Renée Pereira:

---

[80] BACIGALUPO, Enrique. *Compliance y derecho penal*. Navarra: Aranzadi, 2011, p. 27.

O aprendizado dos últimos 12 meses é de que a corrupção pode destruir uma empresa ou acabar com seus planos de crescimento. A Petrobras sabe bem disso. No centro das investigações da Lava Jato, a empresa montou uma das maiores e mais caras estruturas de *compliance* de que se tem notícia no País. Cerca de 1 mil funcionários são alvo da investigação interna que já levou à demissão de 17 deles entre janeiro e setembro de 2015. Outros 61 foram suspensos e 94 receberam advertências. As empreiteiras que caíram junto com a petroleira no emaranhado da Lava Jato também se viram obrigadas a criar estruturas de combate à corrupção. A Camargo Corrêa anunciou há duas semanas um programa de delação interna, para incentivar os 15 mil colaboradores e ex-funcionários a denunciarem atos ilícitos relacionados à operação da Polícia Federal. A iniciativa, batizada de Programa Interno de Incentivo à Colaboração (PIIC), é parte do acordo de leniência que a construtora firmou com o Ministério Público Federal e com o Conselho Administrativo de Defesa Econômica (Cade) e que inclui o ressarcimento de R$ 804 milhões. Para tocar a área de compliance, a empresa contratou, em julho do ano passado, o executivo Flávio Rímoli, ex-Embraer.[81]

Relativamente às funções exercidas especificamente pelo *compliance officer* e aos limites de sua responsabilidade, o Brasil procurou desenvolver seu espectro legislativo. Entretanto, não há, no Direito Penal brasileiro, menção expressa ao termo *"compliance officer"*, de forma que sobram lacunas para o aplicador da lei encaixá-lo em variadas hipóteses legais. Pode, por exemplo, ser coautor ou partícipe de um crime financeiro? Ou também pode cometer algum crime omissivo impróprio?

O questionamento acerca da responsabilidade criminal do *compliance officer* surge a partir da adoção da teoria formal do dever jurídico (art. 13, §2º do Código Penal), juntamente às recentes alterações e

---

[81] OSCAR, Naiana; PEREIRA, Renée. "Empresas correm para criar núcleos internos de combate à corrupção". *Senado*, fev. 2016. Disponível em: https://www2.senado.leg.br/bdsf/bitstream/handle/id/519782/noticia.html?sequence=1. Acesso em: 25 ago. 2019.

CAPÍTULO II - *COMPLIANCE*: CONCEITO E ABRANGÊNCIA

inovações legislativas, como por exemplo a Lei Anticorrupção (Lei n. 12.846/2013) e Lei de Defesa da Concorrência (Lei n. 12.529/2011).

Necessário perceber, porém, que a figura do *compliance officer* sempre existiu. O que ocorre, em verdade, é que houve transferência de uma posição de garantia que anteriormente recaía apenas sobre o empresário.

Didaticamente, pode-se afirmar que são três as fases de atuação de um *compliance officer*: a montagem, a execução e, por fim, o controle interno. A (i) fase de montagem tem como foco a elaboração de programa de integridade que vise prevenir crimes econômicos. Já na (ii) fase de execução, o *compliance officer* irá difundir o programa, bem como adotar as medidas de controle dos riscos criminais. Por fim, a última fase (iii) trata do controle interno, ou seja, é feita a gestão de risco por meio de administração do programa anteriormente instalado.[82]

Conforme cita Raquel Benedetti, na obra de Lobato e Martins:

> [...] de acordo com a complexidade das sociedades, cada vez mais é aumentada a responsabilidade dos gestores da empresa em responder, como réus, as condutas delitivas, que não necessariamente foram por eles praticadas, mas que o expansionismo do Direito Penal tem frequentemente determinado, como resposta aos anseios da sociedade moderna, contemporânea e globalizada.[83]

O que se vê é que a responsabilização de tais garantidores é uma responsabilização penal objetiva, ou seja, que o agente responda pelo resultado ainda que agindo com ausência de dolo ou culpa. Como explica Bittencourt, a presunção objetiva de responsabilidade criminal se satisfaz

---

[82] LOBATO, José Danilo Tavares; MARTINS, Jorge Washington Gonçalves. "Considerações preliminares acerca da responsabilidade criminal do *compliance officer*". *Boletim IBCCRIM*, São Paulo, vol. 24, n. 284, jul. 2016, pp. 12-14.

[83] BENEDETTI, Raquel apud LOBATO, José Danilo Tavares; MARTINS, Jorge Washington Gonçalves. "Considerações preliminares acerca da responsabilidade criminal do *compliance officer*". *Boletim IBCCRIM*, São Paulo, vol. 24, n. 284, jul. 2016, p. 13.

...com a simples realização de um injusto típico como fundamento da pena, o que é incompatível com a atual concepção tripartida do delito, como conduta típica, antijurídica e culpável. (...) abre-se a possibilidade de imputar a prática de um crime, com a correspondente imposição da pena, sem que seja necessário indagar sobre a concreta posição individual daquele que teria infringido as normas penais, ou seja, sem valorar as circunstâncias de imputabilidade e exigibilidade.[84]

As questões atinentes à responsabilização criminal do *compliance officer* serão mais bem explicitadas no próximo capítulo, em que se abordarão as questões dogmáticas relativas à atuação do *compliance officer*.

---

[84] BITTENCOURT, Cezar Roberto. *Tratado de direito penal* – Parte geral. 8. ed. São Paulo: Saraiva, 2003, p. 305.

CAPÍTULO III
A DOGMÁTICA PENAL APLICADA AO *COMPLIANCE OFFICER*

Como é possível imaginar, as questões dogmáticas envolvendo a figura do *compliance officer* são de equacionamento consideravelmente complexo. Isso porque se trata de profissionais das mais diversas áreas de formação, e, portanto, com diferentes arcabouços teóricos e práticos. Além disso, sua posição dentro da empresa também pode variar, podendo tanto ser ocupada por um empregado da própria empresa como ser composta por uma junta de profissionais, ou, ainda ser exercida por profissional externo à empresa.

Desse modo, não seria razoável supor que esse profissional, ou grupo de profissionais, pudesse assumir sozinho a responsabilidade por todo e qualquer evento delituoso praticado dentro da empresa. Considera-se que sua função primária é emitir alertas sobre riscos evidentes e inerentes às decisões a serem tomadas pela companhia. Se assim não fosse, se o *compliance officer* se tornasse responsável pelas decisões em si, ele deveria ser o executivo principal da empresa, e não apenas integrante de uma área de assessoria.[85]

---

[85] SILVEIRA, Renato de Mello Jorge; SAAD-DINIZ, Eduardo. *Compliance, direito penal e a lei anticorrupção*. São Paulo: Saraiva, 2015, p. 144.

Assim, como se verá adiante, esse profissional será responsável por aquilo que estiver dentro de sua área de atuação, sempre respondendo por culpa ou dolo. Note-se que mesmo a sua esfera de atuação pressupõe a prévia delimitação de deveres. Exigir mais do que isso não se mostra razoável.

Além disso, não se pode descuidar da percepção de que existe uma "crise" atualmente envolvendo a aplicação do Direito Penal. Isso porque a complexidade da realidade social, como temos sustentado ao logo de todo este estudo, impôs novos desafios em matéria criminal. Um dos maiores desafios dá-se justamente no campo da aplicação da lei penal e na adequação entre os institutos concebidos no âmbito de uma sociedade muito mais simples ao estado de coisas atual. Nos dizeres de Silva Sánchez:

> Todo parece indicar que el inicio del siglo XXI ha traído consigo una tercera crisis de la dogmática moderna del Derecho penal.
> (...)
> Sin embargo, en los tiempos actuales de europeización y globalización del Derecho penal, la dogmática ha vuelto a ser puesta de juicio, por acción o por omisión.[86]

3.1 TIPOS PENAIS OMISSIVOS IMPRÓPRIOS OU COMISSIVOS POR OMISSÃO E A POSIÇÃO DE GARANTE DO *COMPLIANCE OFFICER*

Inseridos na seara dos crimes omissivos, temos os delitos chamados de "omissivos impróprios" ou "comissivos por omissão", que é a proibição de um não fazer determinado por um comportamento ativo.

Enquanto o crime omissivo próprio é aquele previsto em lei e eivado de maior obviedade, tal como uma omissão de socorro (art. 135

---

[86] SILVA SÁNCHEZ, Jesús Maria. *En busca del derecho penal. Esbozos de una teoria realista del delito y de la pena*. Buenos Aires: B de F, 2017, pp. 161/162.

do Código Penal), o crime omissivo impróprio é aquele não expresso, sendo que haja, necessariamente, a posição de garante. Conforme explica Carla Rahal Benedetti:

> A distinção tradicional dada entre o delito de omissão própria e imprópria é que, neste, há correspondência com o delito de resultado e, naquele, com delito de mera atividade; para a concepção clássica, os delitos omissivos próprios não vulneram normas de mandato, mas sim de proibição, o que difere dos delitos omissivos impróprios (posição de garante).[87]

Dessa forma, as omissões impróprias são aquelas às quais se imputa um resultado típico descrito em dispositivos que não preveem expressamente o modo omissivo da conduta, utilizando-se o art. 13, §2º do Código Penal,[88] segundo o qual:

> Art. 13 - O resultado, de que depende a existência do crime, somente é imputável a quem lhe deu causa. Considera-se causa a ação ou omissão sem a qual o resultado não teria ocorrido. (...) § 2º - A omissão é penalmente relevante quando o omitente devia e podia agir para evitar o resultado. O dever de agir incumbe a quem: a) tenha por lei obrigação de cuidado, proteção ou vigilância; b) de outra forma, assumiu a responsabilidade de impedir o resultado; c) com seu comportamento anterior, criou o risco da ocorrência do resultado.

Adentrando mais profundamente nos crimes omissivos impróprios, a doutrina busca critérios materiais para construir um dever de garante, ou seja, um dever de proteção capaz de imputar um resultado típico à pessoa que se omite.

---

[87] BENEDETTI, Carla Rahal. *Criminal compliance*. São Paulo: Quartier Latin, 2014, p. 63.
[88] BOTTINI, Pierpaolo Cruz. *Crimes de Omissão Imprópria*. Marcial Pons, 2018, p. 61.

Exemplifica Bottini:

> ...a mãe que deixa o filho morrer de fome não causa sua morte e sua responsabilidade pelo resultado não decorre mais do descumprimento de um dever formal. A imputação da morte decorrerá da constatação de que a mãe tem um dever de garantia perante o filho, que independe da existência ou inexistência de deveres formais, mas decorre da espécie de ligação desse garante com o bem jurídico que deve proteger ou tutelar.[89]

São diversas as teorias desenvolvidas para aplicar critérios materiais ao dever de garante, capaz de imputar ao omitente o resultado típico de forma a equiparar com a ação.

Uma das teorias que concernem o tema em pauta, ou seja, a responsabilização do *compliance officer,* é a teoria da confiança, de Welp. Para o autor, nos casos de omissão imprópria, há violação da confiança da vítima na segurança ou no salvamento juridicamente fundado.[90]

Segundo tal teoria, deve haver confiança entre o omitente e a vítima para que haja dever de garante. Assim, presume-se que o *compliance officer,* por assumir função de responsabilidade, teria confiança da empresa e, desta forma, assumiria a posição de garante.

Outra teoria que poderia ser aplicada à questão em tela é a teoria de infração de dever de Roxin. Com as claras dificuldades de fixar o desvalor da omissão imprópria no elemento naturalístico, Roxin busca parâmetros normativos para construir a imputação. Assim, haveria uma infração de dever extrapenal.

Como expõe Bottini sobre tal teoria:

> Para o autor, portanto, os crimes omissivos são delitos de infração do dever, uma vez que a imputação do resultado ao omitente

---

[89] BOTTINI, Pierpaolo Cruz. *Crimes de Omissão Imprópria.* Marcial Pons, 2018, p. 75.
[90] BOTTINI, Pierpaolo Cruz. *Crimes de Omissão Imprópria.* Marcial Pons, 2018, p. 85.

não está fundada no domínio dos fatos, mas na violação de um dever de evitar um resultado, um dever de garantia. O parâmetro não é a relação de domínio, derivada da natureza das coisas, entre o omitente e o resultado, mas a existência de um dever violado que, em certas circunstâncias, legítima normativamente a imputação desse resultado a uma omissão.[91]

Não seria então uma questão relacionada ao domínio do fato que detém o omitente, mas sim se o agente infringiu um dever de sua responsabilidade e que deveria ter sido evitado.

Assim, a atuação do *compliance officer* poderia se encaixar nos chamados crimes de omissão imprópria, que são os casos em que há um dever especial de proteção, com atores específicos. O tipo penal recai sobre os agentes que antes do resultado típico (ou seja, antes da produção dos seus efeitos), assumem certas funções específicas que as obrigava a impedir tal resultado.[92]

Porém, tal imputação é questionável, tendo em vista que a lei não institui a posição de garante de maneira direta e muito menos descreve condutas omissivas de resultado de dano. Da mesma forma, as ações de um *compliance officer* (como, por exemplo, uma quebra de contrato) não configuram tipos penais na legislação pátria.

Cumpre salientar que a jurisprudência brasileira procura distanciar funções intrínsecas de garante da responsabilidade criminal. É o caso de manifestação contrária à responsabilização objetiva de profissional que exaure parecer técnico, de acordo com a sua atividade, venha a ser incriminado.[93]

---

[91] BOTTINI, Pierpaolo Cruz. *Crimes de Omissão Imprópria*. Marcial Pons, 2018, p. 85.

[92] SCANDELARI, Gustavo Britta. "As posições de garante na empresa e o criminal compliance no Brasil: primeira abordagem". *In:* DAVID, Décio Franco; GUARAGNI, Fábio André; BUSATO, Paulo César (Coord.). *Compliance e Direito Penal*. São Paulo: Atlas, 2015, p. 166.

[93] Brasil, Superior Tribunal de Justiça. HABEAS CORPUS. PROCESSUAL PENAL. DISPENSA DE LICITAÇÃO FORA DAS HIPÓTESES LEGAIS. AÇÃO

Assim, firmar parecer técnico, trabalho que pode pertencer a uma das funções do *compliance officer*, não pode ser penalizado na esfera penal. Da mesma forma, não é possível prever a execução de atividades

---

PENAL INSTRUÍDA POR INQUÉRITO POLICIAL. DEFESA PRELIMINAR PREVISTA NO ART. 514 DO CÓDIGO DE PROCESSO PENAL. DESNECESSIDADE. SÚMULA N.º 33 DESTA CORTE. ALEGAÇÃO DE QUE NÃO HOUVE INDICIAMENTO. INEXISTÊNCIA DE COMPROVAÇÃO NOS AUTOS. INÉPCIA DA DENÚNCIA. IMPUTAÇÃO DE AUTORIA DA FRAUDE APENAS POR ASSINAR PARECER TÉCNICO SOBRE A NECESSIDADE E CONVENIÊNCIA DE CONTRATAÇÃO DO SERVIÇO. AUSÊNCIA DE INDIVIDUALIZAÇÃO MÍNIMA DA PARTICIPAÇÃO NO CRIME. RESPONSABILIDADE PENAL OBJETIVA. INÉPCIA DA DENÚNCIA. ORDEM CONCEDIDA.

1. Encontrando-se a denúncia ofertada em desfavor do ora Paciente embasada em inquérito policial, afigura-se desnecessário, nos termos do Enunciado da Súmula n.º 330 desta Corte, a obediência ao disposto no art. 514 do Código de Processo Penal.

2. A alegação de que o Paciente não foi indiciado no inquérito policial é contraditada pelas informações prestadas pelo Juízo de primeiro grau e pelo acórdão impugnado, e o Impetrante não juntou a documentação necessária para comprovar sua afirmação. Como é cediço, o rito de habeas corpus demanda prova pré-constituída, apta a comprovar a ilegalidade aduzida.

3. Embora não seja necessário a descrição pormenorizada da conduta de cada acusado nos crimes societários, não se pode conceber que o órgão acusatório deixe de estabelecer qualquer vínculo entre o denunciado e a empreitada criminosa a ele imputada, sob pena de se admitir impropriamente a responsabilidade penal objetiva.

4. O fato de firmar parecer técnico opinando sobre a necessidade e conveniência de se contratar o serviço não autoriza concluir envolvimento em posterior fraude à licitação, sobretudo quando essa manifestação não vinculou a dispensa, nem se vislumbra qualquer vantagem aferida pelo acusado com a contratação da empresa sem o devido procedimento licitatório.

5. A inexistência absoluta de elementos individualizados que apontem a relação entre os fatos delituosos e a autoria, ofende o princípio constitucional da ampla defesa, tornando, assim, inepta a denúncia.

6. Ordem concedida para, reconhecendo a inépcia da denúncia, por ausência de individualização da conduta, determinar o trancamento da ação penal instaurada em desfavor do Paciente.

(HC 108.985/DF, Rel. Ministra LAURITA VAZ, QUINTA TURMA, julgado em 26/05/2009, DJe 15/06/2009)

CAPÍTULO III – A DOGMÁTICA PENAL APLICADA AO *COMPLIANCE*...

do poder público, pois é o único munido com poder de polícia, sendo apenas possível ao *criminal officer* prevenir os possíveis excessos do Estado.[94]

Cumpre salientar ainda que não há tipo penal específico para a incriminação do *compliance officer*, existem, porém, doutrinadores que argumentam que só haverá responsabilização em casos de omissão imprópria, ou seja, quando uma omissão inicial do agente dá causa a um resultado posterior, o qual o agente tinha o dever jurídico de evitar,[95] seguindo a linha da teoria de Roxin. Como exemplificam José Lobato e Jorge Martins:

> ...por exemplo, se o *compliance officer* não vigiar o cumprimento do seu programa, e, em razão dessa falha, os crimes forem cometidos dentro de sua esfera de atribuições, sua responsabilização tornar-se-ia factível caso deixasse de reportar aos seus superiores os indícios da prática de crimes que, mediante sua comunicação, pudessem ser evitados. Em contrapartida, se o *compliance officer* identificar os autores de um crime ocorrido dentro de seu âmbito de competência e reportar, a seus superiores, as informações obtidas, ainda que estes nada façam, ele estará exonerado, uma vez que não ostentaria poder de correção e nem o dever de informar as autoridades públicas.[96]

O Tribunal de Justiça Federal da Alemanha (*Bundesgerichtshof*, BGH), nesse mesmo sentido, entendeu que deveria haver a condenação do *compliance officer*, pois ao assumir a responsabilidade de prevenção de crimes no interior da empresa, o profissional assume a posição de

---

[94] BENEDETTI, Carla Rahal. *Criminal compliance*. São Paulo: Quartier Latin, 2014, p. 101.
[95] NUCCI, Guilherme de Souza. *Manual de Direito Penal*. 2. ed.; 9. ed. São Paulo: Editora Revista dos Tribunais, 2013 (2006).
[96] LOBATO, José Danilo Tavares; MARTINS, Jorge Washington Gonçalves. "Considerações preliminares acerca da responsabilidade criminal do *compliance officer*". *Boletim IBCCRIM*, São Paulo, vol. 24, n. 284, jul. 2016, p. 13.

garante, devendo por isso ser punido criminalmente por ter assumido tal responsabilidade de impedir o resultado.[97]

Ocorre que, na Alemanha, bem como nos Estados Unidos e outros países da Europa Ocidental, os *compliance officers* têm uma função abrangente e pré-definida, muito diferente do que ocorre no caso do Brasil, em que ainda não existem atribuições delimitadas. Nesses países, há o chamado "dever de *compliance*", que é exigido para todas as empresas, quer sejam sociedades anônimas ou microempresas. Isso, da mesma forma, está em um processo de implantação ainda muito lento na sociedade brasileira.

Porém, cumpre observar que o *compliance officer* não tem deveres executivos na empresa, de forma que não poderá ser punido simplesmente pelo fato de haver falhas na esfera de sua atribuição. Como explica Scandelari:

> ...o *compliance officer* não tem faculdades executivas na empresa, razão pela qual não se lhe pode impor o dever de efetivamente impedir a ocorrência de um resultado típico, se não o de obter (ativa ou passivamente) um determinado conhecimento a respeito do descumprimento do programa da empresa (ou da lei) e de comunicá-lo a quem puder tratá-lo.[98]

Da mesma forma, entendem Eduardo Cabette e Marcus Nahur, ao eximir o *compliance officer* da responsabilidade criminal nos casos de ocorrência de ilícito no qual tem posição de garante, ao indagar que:

> ... isso não significa obviamente que o simples fato de ser um *compliance officer* em uma empresa onde se operou um ilícito

---

[97] SAAVEDRA, Giovani Agostini. "Reflexões iniciais sobre *Criminal Compliance*". *Boletim IBCCRIM*, n. 237, jan. 2011, p. 11.

[98] SCANDELARI, Gustavo Britta. "As posições de garante na empresa e o criminal compliance no Brasil: primeira abordagem". In: DAVID, Décio Franco; GUARAGNI, Fábio André; BUSATO, Paulo César (Coord.). *Compliance e Direito Penal*. São Paulo: Atlas, 2015, p. 166.

CAPÍTULO III - A DOGMÁTICA PENAL APLICADA AO *COMPLIANCE*...

pode levar alguém a uma condenação criminal. Para isso deverá ficar comprovado dolo, ou, no mínimo, culpa (artigo 19, CP).[99]

Compreendemos não ser suficiente para responsabilização criminal do *compliance officer* a mera falha em seu dever de prevenção dentro da empresa. Deve haver, em primeiro lugar, uma efetiva posição de garantidor assumida, para depois verificar se houve dolo efetivo em sua conduta.

Percebe-se, assim, que o dever de garantia dado ao *compliance officer* é meio, e não fim; pois, caso contrário, ele seria criminalmente responsável por algo que não fez; recaindo, mais uma vez, na responsabilidade penal objetiva.

3.2 RISCO NÃO PERMITIDO E A APLICAÇÃO DA TEORIA DA IMPUTAÇÃO OBJETIVA NA ATUAÇÃO DO COMPLIANCE OFFICER

Conforme mencionado anteriormente, é exigência do art. 13 do Código Penal que o resultado seja causado por uma ação ou omissão, de forma que, se não há ocorrência no mundo externo, é um irrelevante penal.

Posto isso, quando se imputa um crime a um dirigente de empresa ou um *compliance officer* simplesmente por sua posição, há clara violação da lei. Nesse sentido, explica Heloísa Estellita:

> Sempre que se imputa a alguém a prática de um crime 'por ocupar uma posição' na empresa ou na sociedade empresária, o que se faz é violar a letra clara dessa norma, pois nada mais se faz do que renunciar à imputação de uma ação ou omissão determinada (uma conduta humana), que é 'causa' desse resultado,

---

[99] CABETTE, Eduardo Luiz Santos; NAHUR, Marcius Tadeu Maciel. "*Criminal compliance*" *e ética empresarial*: novos desafios do direito penal econômico. Porto Alegre: Nuria Fabris, 2013, p. 25.

olvidando-se que o resultado típico que não seja causado por uma ação ou omissão é um irrelevante penal, um fato da natureza, irrelevante.[100]

Nesse ponto, é importante destacar a teoria da imputação objetiva, que visa restringir o nexo causal, afastando a imputação. Segundo Claus Roxin,[101] só haverá crime quando (i) a conduta cria ou incrementa um risco permitido para o objeto; (ii) o risco se realiza no resultado e (iii) o resultado se encontra dentro do alcance do tipo.

Tal teoria veio com o intuito de resolver problemas dogmáticos que não seriam solucionados pelas teorias causalistas de Franz von Liszt e Ernest Beling, apenas com o finalismo e a adequação social. Assim, seriam protegidos bens jurídicos específicos que não conseguiriam ser protegidos de outra forma. Diz Claus Roxin:

> Quem deseja proteger jurídico-penalmente bens que não podem ser protegidos de outra forma, deve tornar a criação e a realização de um risco não permitido para estes bens o critério central da imputação, mas deve também utilizar o risco permitido, a fim da proteção da norma de cuidado, bem como a auto responsabilidade da vítima e a esfera de responsabilidade de terceiros, para limitar a responsabilidade, o que é necessário em razão do bem comum e da liberdade individual.[102]

Assim, deve haver a criação de um risco juridicamente relevante, de forma que, se o resultado não depender exclusivamente da sua vontade, não há crime. Para haver a criação de tal risco juridicamente relevante,

---

[100] ESTELLITA, Heloísa. *Responsabilidade penal de dirigentes de empresa por omissão*. São Paulo: Marcial Pons, 2017, p. 255.

[101] ROXIN, Claus. *Funcionalismo e imputação objetiva no Direito Penal*. Rio de Janeiro: Renovar, 2002, p. 338.

[102] ROXIN, Claus. *Estudo de Direito Penal*. Rio de Janeiro: Renovar, 2006, p. 131.

a doutrina expõe algumas justificativas para tal ocorrência, tal como a inexistência de prévio controle pelo garante.[103]

Além do conceito de risco permitido e proibido, atua também com o princípio da confiança, ou seja, a autorização ou a permissão de se poder confiar nos outros.

Tal princípio é de extrema importância para o tema tratado, haja vista que, num ambiente empresarial, é óbvio que haverá inúmeras delegações de tarefa, sendo impossível que as pessoas que delegam coordenem todas as tarefas delegadas. Nesse momento que é invocado o princípio da confiança.

Os limites a tal princípio seriam: a) não poder haver confiança se a outra pessoa não tem capacidade de ser responsável; b) não ser permitida a confiança caso a atividade delegada consistir em compensar erros eventualmente praticados por outrem; c) ocorrer a cessação do princípio quando o delegante perceber a incapacidade do delegado para cumprir as tarefas delegadas.[104]

Inicialmente pensando para estruturas horizontais, o princípio também cabe para estruturas verticais, como expõe Estellita:

> A delegação, porém, representa estrutura vertical, para a qual não teria sido pensado, originalmente, o princípio da confiança, chegando-se a dizer que, nesse ambiente, a desconfiança seria o exigível. Fato é que uma total desconfiança tornaria, em realidade, inviável o desenvolvimento de atividades econômicas por meio de empresas. Por tal razão, o entendimento majoritário

---

[103] PEÑA, Diego Luzón. "Comisión por omisión e imputación objetiva sin causalidade: creación o aumento del peligro o riesgo por la omisión misma como criterio normativo de equivalencia a la causación activa". *In*: SILVA SANCHEZ, Jesús Maria *et al*. (Coord.). *Estudios de Derecho Penal, homenaje al professor Santiago Mir Puig*, 2017, p. 687.

[104] ESTELLITA, Heloísa. *Responsabilidade penal de dirigentes de empresa por omissão*. São Paulo: Marcial Pons, 2017, p. 152.

entende aplicável o princípio também em relações verticais, todavia com limitações.[105]

Da mesma forma, deve haver um aumento do risco permitido. Isso porque toda e qualquer conduta implica em algum tipo de risco, incluindo as atividades econômicas. Assim, para ser imputável, a conduta do agente deve aumentar o risco de ocorrência no resultado. Roxin cita um exemplo julgado pelo Supremo Tribunal alemão (BGH) em 1957:

> O motorista de um caminhão deseja ultrapassar um ciclista, mas o faz a 75 cm de distância, não respeitando a distância mínima ordenada. Durante a ultrapassagem, o ciclista, que está bastante bêbado, em virtude de uma reação de curto circuito decorrente da alcoolização, move a bicicleta para a esquerda, caindo sob os pneus traseiros da carga do caminhão. Verifica-se que o resultado também teria provavelmente (variante: possivelmente) ocorrido, ainda que tivesse sido respeitada a distância mínima exigida pela Ordenação de Trânsito (Strassenverkehrsordnung).[106]

Dessa forma, pode-se concluir que sempre deverá haver o incremento do risco, a ser analisado dentro do caso concreto.

3.3 ADVERSIDADES ENFRENTADAS PELO *COMPLIANCE OFFICER* NO EXERCÍCIO DA FUNÇÃO

Todas as questões até então levantadas se restringem apenas à dogmática do Direito Penal, sendo necessário fazer um breve apontamento das adversidades enfrentadas pelo *compliance officer* no exercício de sua função.

---

[105] ESTELLITA, Heloísa. *Responsabilidade penal de dirigentes de empresa por omissão*. São Paulo: Marcial Pons, 2017, p. 153.
[106] ROXIN, Claus. *Funcionalismo e imputação objetiva no Direito Penal*. Rio de Janeiro: Renovar, 2002, p. 338.

CAPÍTULO III – A DOGMÁTICA PENAL APLICADA AO *COMPLIANCE*...

A *International Organization of Securities Commissions* (Iosco) é uma associação interamericana com representantes de mais de cem países, sendo o principal fórum internacional para autoridades reguladoras dos mercados de valores e estabelecendo padrões internacionais para o mercado de capitais. Em documento de 2003 intitulado *"The Function of Compliance officer – Study on what the Regulations of the Compliance officer"*, a Iosco identifica o *compliance officer* como o agente responsável por aconselhar todas as linhas de negócios da instituição,

> ...bem como todas as áreas de suporte, no que diz respeito à regulação local e às políticas corporativas aplicáveis à indústria em que atua a organização, sempre zelando pelos mais altos padrões éticos de comportamento comercial. Além disso, o *Compliance officer* coordena, com outras áreas de controle, a efetiva comunicação com reguladores e facilita a estruturação de produtos, o desenvolvimento de negócios, buscando encontrar soluções criativas e inovadoras para questões tanto regulatórias como internas.[107]

A primeira adversidade encontrada refere-se ao controle que o *compliance officer* tem em relação aos seus subordinados. Essa seria uma das situações em que seria possível presumir a posição de garante do *compliance officer*. Nesse sentido, exprime Heloísa Estellita:

> Não há dúvidas de que os dirigentes de uma empresa estão em posição de influenciar e interferir no desempenho das funções de seus subordinados no exercício de suas atividades para a empresa. Esse poder decorre do poder diretivo do empregador sobre seus empregados reconhecidos juridicamente e exercido de fato, mas pode decorrer também da relação entre duas pessoas na estrutura hierárquica da empresa...[108]

---

[107] RIBEIRO, Marcia Carla Pereira; DINIZ, Patrícia Dittrich Ferreira. *"Compliance* e Lei Anticorrupção nas Empresas". *Revista de Informação Legislativa*, a. 52, n. 205, jan./mar. 2015, p. 88.

[108] ESTELLITA, Heloísa. *Responsabilidade penal de dirigentes de empresa por omissão*. São Paulo: Marcial Pons, 2017, p. 109.

O trabalho do *compliance officer* pode ser muitas vezes maçante, principalmente pelo fato de que o profissional controla um fluxo de informação muito extenso. Assim, a responsabilidade é extremamente abrangente, não só pelo fluxo de informações por si, mas também pela delegação constante das tarefas. Aplicar as normas e regras entre todos e para todos os colaboradores é tarefa difícil, haja vista a necessidade de comprometimento na criação de uma cultura de conformidade.

Outra situação passível de discussão é o controle sobre a fonte de perigo da empresa. Considerando que qualquer empresa é, em tese, uma fonte de perigo, pode acontecer de o *compliance officer* assumir a posição de garante, tornando-se, então, corresponsável pelas decisões da empresa. Isso ocorrerá, especificamente, quando o cargo ocupado pelo *compliance officer* nos quadros na empresa se equiparar a de um executivo, caso em que este assumirá responsabilidades comparáveis às da alta direção. Nessa hipótese, o *compliance officer* deverá adotar todas as medidas necessárias para prevenir a ocorrência de danos aos bens jurídicos.

Existe, também, o dever de informar atividade suspeita de crime em casos da instituição financeira, principalmente relativo ao crime de lavagem de dinheiro. Ou quando se tratar de operações relativas a pessoas politicamente expostas, como se verá adiante. Ocorre que o conceito de atividade suspeita é extremamente genérico, o que dificulta a atividade do *compliance officer*. Badaró expõe que "suspeita" seria uma leve opinião sem fundamento sério, uma leve desconfiança que ocorre quando:

> ...o legislador quer designar aqueles elementos que permitam ao juiz formular um juízo de probabilidade, embora sem chegar a um juízo de certeza, refere-se a "indícios" para designar uma prova dotada de eficácia persuasiva atenuada, não sendo apta, por si, a estabelecer a verdade de um fato. Embora não possa ser quantificada em termos matemáticos, a expressão "indício" significa uma situação em que há uma dose muito maior de probabilidade do que a simples possibilidade gerada pela mera "suspeita". [109]

---

[109] BADARÓ, Gustavo Henrique. "Lei nº 10.701 de 9 de julho de 2003: análise

CAPÍTULO III - A DOGMÁTICA PENAL APLICADA AO *COMPLIANCE*...

Assim, se há um juízo de ponderação, ou seja, liberdade de configurar a conduta de uma forma autônoma, poderíamos falar em posição de garante, isso porque ninguém conhece melhor o potencial risco que provém da sua ação do que aquele que a coloca em prática.[110]

3.4 TEORIA DA CEGUEIRA DELIBERADA

Cumpre mencionar brevemente a Teoria da Cegueira Deliberada, haja vista que o *compliance officer*, pela natureza de sua função, pode vir a se manter em estado de ignorância diante de ilícitos criminais.

Isto posto, tem-se que a Teoria da Cegueira Deliberada é uma construção jurisprudencial originária do direito anglo-saxônico que preconiza a possibilidade de punição do indivíduo que deliberadamente se mantém em estado de ignorância em relação à natureza ilícita de algum ato. Busca-se impedir que o réu alegue que não sabia, ou que não tinha como saber, buscando afastar o dolo de sua conduta.

> Um dos principais casos que solidificou a aplicação dessa teoria e sedimentou seus parâmetros foi o caso *Jewell v. United States*, em 1976. A *Ninth Circuit Court* (corte equiparada a um Tribunal Regional Federal), por maioria, afirmou que aquele que age com ignorância deliberada poderia ser considerado como se estivesse agindo conscientemente, desde que comprovado que o agente agiu de maneira deliberada para se escusar de saber de todos os elementos de sua ação, quando, no caso concreto, seria possível que ele tivesse tal ciência.[111]

---

inicial das alterações da Lei de Lavagem de Dinheiro". *Boletim do Instituto Brasileiro de Ciências Criminais*, São Paulo, vol. 129, 2003, p. 8.

110 ESTELLITA, Heloísa. *Responsabilidade penal de dirigentes de empresa por omissão*. São Paulo: Marcial Pons, 2017, p. 118.

111 ROBBINS, Ira. P. "The Ostrich Instruction: Deliberate Ignorance as a Criminal Mens Rea". *J. Crim. L. & Criminology*, vol. 81, 1990-1991, p. 196. Disponível em: https://scholarlycommons.law.northwestern.edu/cgi/viewcontent.cgi?referer=&httpsredir=1&article=6659&context=jclc. Acesso em: 28 de jun 2021.

Nesse caso, ficou provado que o réu estava num bar no México quando um terceiro, após lhe oferecer maconha, ofereceu US$ 100 para que dirigisse um carro pela fronteira e o deixasse num endereço predeterminado. Também ficou provado que o réu sabia de um compartimento secreto no carro, mas não averiguou sobre o que havia dentro. O réu acabou sendo parado na fronteira e foram descobertos 110 quilos de maconha no compartimento, que acabou acarretando sua condenação. Ao apelar da sentença para a *Ninth Circuit Court*, o réu se insurgiu contra as instruções dadas pelo juiz ao júri, que determinava que mesmo que o réu não soubesse das drogas no carro, a ignorância dele se deu exclusivamente por sua vontade para evitar saber o que tinha no veículo. Para o réu, tal instrução foi equivocada e permitiu a condenação sem que o réu agisse propositadamente ou conscientemente sobre os elementos que compunham o tipo penal, como determina a lei. A condenação foi mantida.[112]

Em que pese tal decisão, a Teoria da Cegueira Deliberada não é uníssona nos tribunais norte-americanos, principalmente devido à ausência de previsão normativa. Porém, mantém-se o entendimento de que, se provado que o réu agiu propositalmente para se escusar de ter ciência dos fatos, sua conduta é punível.

Em âmbito brasileiro, a Teoria da Cegueira Deliberada vem sendo aplicada principalmente em casos de alta complexidade. Um dos primeiros casos em que a teoria foi aplicada foi no Tribunal Regional da 5ª Região, referente ao emblemático assalto ao Banco Central de Fortaleza. O referido assalto resultou na subtração de mais de cento e sessenta milhões de reais em cédulas de R$ 50, um dos suspeitos adquiriu 11 carros de luxo no valor de quase um milhão de reais, tudo

---

[112] ROBBINS, Ira. P. The Ostrich Instruction: Deliberate Ignorance as a Criminal Mens Rea, 81 J. Crim. L. & Criminology 191 (1990-1991), p. 196. Acesso 19 jan. 2017, apud ASSUMPÇÃO, Pedro Antonio Adorno Bandeira. A teoria da cegueira deliberada e a equiparação ao dolo eventual. Disponível em: https://www.emerj.tjrj.jus.br/paginas/trabalhos_conclusao/1semestre2017/pdf/PedroAntonioAssumpcao.pdf. Acesso em: 18 jun. 2020

quenta reais envoltos em sacos plásticos. Na ocasião, tanto o suspeito quanto os sócios da revendedora de automóveis foram denunciados por lavagem de dinheiro. O suspeito foi preso e condenado por ter sido provado que ele sabia da origem ilícita dos valores. Já os sócios da revendedora de automóveis foram condenados com base na Teoria da Cegueira Deliberada, já que o magistrado entendeu que ambos agiram, no mínimo, com dolo eventual com relação à origem ilícita dos valores.

Tal teoria vem sendo muito explorada na Operação Lava Jato, em que o juiz Sérgio Moro se utilizou da referida teoria para embasar condenações, equiparando-a ao dolo eventual. Cumpre notar, entretanto, que há casos que não conseguem se resolver pela aplicação do dolo eventual, como aquelas situações em que o agente intencionalmente não alcança o grau mínimo de conhecimento da conduta delituosa para que se configure o tipo doloso.[113]

Esses casos, mais raros e mais complexos, caracterizariam uma nova figura, "merecedora de um olhar crítico, que comportaria situações que o *civil law* aparentemente não previu e que, como tal, poderia constituir uma lacuna no sistema penal".[114]

Assim, no entender de Vallès,[115] o conceito jurídico-penal de cegueira deliberada em sentido estrito comportaria pelo menos quatro elementos:

> Em primeiro lugar, o sujeito ativo, no momento da realização da sua conduta, não deverá contar com os conhecimentos mínimos necessários que se requerem para que se possa afirmar o dolo do tipo legal. Tal situação ocorreria sempre que o sujeito

---

[113] VALLÈS, Ramon Ragues i. *Ignorancia deliberada en derecho penal*. Barcelona: Atelier, 2007, p. 130.

[114] AILO, Rui. *Cegueira deliberada*. Dissertação de mestrado defendida na Faculdade de Direito da Universidade de Lisboa, 2018, pp. 56/57.

[115] VALLÈS, Ramon Ragues i. *Ignorancia deliberada en derecho penal*. Barcelona: Atelier, 2007, p. 156.

não tivesse qualquer suspeita da possível ocorrência de um elemento típico ou tivesse apenas uma suspeita leve e imprecisa sem que dela se pudesse afirmar o dolo. Assim, seria a situação de quem prevê que possa cometer algum ilícito, porém sem chegar a representar os elementos do ato típico que comete. Em segundo lugar, seria necessário que o sujeito se encontrasse em condições de obter a informação ignorada, devendo esta capacidade de obter informação manter-se durante toda a fase de realização da ação ou omissão objetivamente típicas. O terceiro elemento consistiria no dever de obter a informação ignorada. A este respeito, não seria necessário que se incumprisse um dever específico mas apenas que se incumprisse um dever geral de indagar pelos riscos associados à realização de comportamentos potencialmente lesivos para os bens jurídicos alheios. Como quarto elemento, seria indispensável a decisão do agente de "não conhecer".

De facto, os anteriores três elementos apenas caracterizariam uma ignorância evitável. Para que se possa falar de cegueira deliberada, a decisão de permanecer em ignorância teria de ser voluntária ou pelo menos consciente, e podendo consistir em ações ou omissões. Nesta medida, tanto podem caber pressupostos que mereçam o mesmo tratamento do dolo como podem caber pressupostos que mereçam o tratamento de negligência. Consequentemente, para que se pudesse equiparar os casos de cegueira deliberada aos casos de dolo ou de negligência seria necessário analisar um quinto elemento que consistiria em saber qual a motivação que levou o sujeito ao estado de desconhecimento.[116]

Em conclusão, podemos entender que haverá cegueira deliberada em sentido estrito, pelo menos, nas seguintes situações: (i) o sujeito renuncia a obter conhecimento por preguiça ou para evitar complicações; (ii) o sujeito que renuncia a obter o conhecimento por razões de eficácia, e que passa a assinar documentos sem os ler, por exemplo; (iii) o sujeito renuncia a obter o conhecimento por não acreditar que lhe seja fornecida

---

[116] AIDO, Rui. *Cegueira deliberada*. Dissertação de mestrado defendida na Faculdade de Direito da Universidade de Lisboa, 2018, pp. 56/57.

a informação; e (iv) o sujeito que renuncia a obter o conhecimento para assim poder evitar uma eventual imputação de responsabilidade.[117]

3.5 TEORIA DO DOMÍNIO DO FATO APLICADA AO *COMPLIANCE OFFICER*

A chamada Teoria do Domínio do Fato foi desenvolvida pelo jurista alemão Claus Roxin e hoje é um dos critérios determinantes para a delimitação da autoria nos crimes dolosos. Essa temática encontra-se inserida na discussão sobre concurso de agentes, em que se busca definir com clareza o limite teórico entre as figuras da autoria e da coautoria, de um lado, e de outro, a da participação.

Em termos de técnica legislativa, quando se fala em concurso de agentes, considera-se que existem diferentes intensidades de execução de um crime. Algumas teorias buscam dar conta de explicar essas diferenças e propor outros modelos de responsabilização.

Assim, a Teoria Pluralista responsabilizará os agentes separadamente, respondendo cada qual por um delito autônomo. Já pela Teoria Dualista ou da Acessoriedade, a punição operar-se-á em dois níveis: o autor responderá pela atividade principal, enquanto o partícipe pela acessória. Por fim, a Teoria Monista rejeita a diferenciação entre autor e partícipe, sendo considerados igualmente autores todos aqueles que concorrem para o delito.[118]

Esta última teoria foi a adotada pelo Código Penal de 1940, ao romper com a tradição imperial, que adotava a teoria dualística. Empregou-se, todavia, a sistemática de atenuantes e agravantes no momento da aplicação da pena.

---

[117] AIDO, Rui. *Cegueira deliberada*. Dissertação de mestrado defendida na Faculdade de Direito da Universidade de Lisboa, 2018, pp. 57/58.
[118] SOUZA, Artur de Brito Gueiros; JAPIASSÚ, Carlos Eduardo Adriano. *Curso de direito penal*. Parte Geral. Rio de Janeiro: Elsevier, 2012, pp. 287/288.

Na Reforma Penal de 1984, mitigou-se o rigor da teoria monista, quando se estabeleceu no art. 29 que incide nas penas cominadas ao delito aquele que, de qualquer modo, concorre para o crime, na medida de sua culpabilidade. Desse modo, todo aquele que concorrer para o delito responderá pelo mesmo crime, mas as penas aplicadas poderão sofrer variações em sua dosimetria. Essa corrente é conhecida como Teoria Monística Temperada ou Eclética.

Já no que concerne à diferença substancial entre autoria e participação, diversas foram as correntes teóricas desenvolvidas para fixar o momento em que um agente envolvido em um delito deixa de ser considerado autor do crime e passa a ser visto como partícipe de um delito.[119]

Assim, na primeira teoria desenvolvida, chamada Teoria Objetivo-Material, ou também Conceito Extensivo de Autor, é considerado autor do delito todo aquele que contribui para sua realização. Ou seja, toda contribuição, mesmo que não seja significativa, passará a ensejar responsabilização a título de autoria delitiva. Como se nota, trata-se de concepção extremamente ampliativa do conceito de autor, servindo a noção de participação, quando muito, para a fixação da dosimetria da pena.

Já para a segunda corrente, a Teoria Subjetivo-Material, que é uma variante da anterior, será empregado como fator distintivo determinante a percepção interna o agente sobre o delito. Nesse sentido, será autor aquele que tomar o crime como obra própria (*animus auctoris*), ao passo que será partícipe quem o considerar obra alheia (*animus socii*). Observa-se que a adoção dessa teoria pode gerar distorções e consequentes injustiças, como ocorre quando os responsáveis diretos por crimes graves sejam considerados apenas partícipes, uma vez que o executaram a mando de outrem.

A terceira corrente, Teoria Objetivo-Formal, levará em consideração para fins de responsabilidade pela autoria do crime o sujeito

---

[119] SOUZA, Artur de Brito Gueiros; JAPIASSÚ, Carlos Eduardo Adriano. *Curso de direito penal*. Parte Geral. Rio de Janeiro: Elsevier, 2012, pp. 291-295.

CAPÍTULO III – A DOGMÁTICA PENAL APLICADA AO *COMPLIANCE*...

que tiver realizado o verbo nuclear do tipo incriminador. Contudo, essa teoria não se mostra suficiente quando se está diante de casos de autoria mediata, vez que nesses casos não se conseguirá alcançar a ação do "homem de trás", ou seja, do mandante do delito, visto que não terá realizado o verbo do tipo.

Foi nesse contexto que a Teoria do Domínio do Fato, também designada Teoria Objetivo-Final, apresentou-se como uma forma mais adequada de responsabilização nos casos de concurso de agentes no delito. Segundo essa teoria, será autor do crime aquele que for o "senhor do fato", isto é, aquele que domina a decisão sobre "se" e "como" a ação típica será realizada.

Segundo Roxin,[120] a autoria restará caracterizada quando: (i) a ação típica é realizada pessoalmente (domínio da ação); (ii) a ação é executada através de interposta pessoa, sendo que essa, segundo parâmetros jurídicos, é considerada como não sendo livre ou não conhece o sentido de sua ação (domínio da vontade); ou (iii) quando na fase executiva se presta contribuição significativa ao fato funcional (domínio funcional do fato).

Desenvolveu-se, assim, a Teoria do Domínio do Fato em sua vertente funcional, que ocorre quando, além da divisão funcional de tarefas, existe um liame subjetivo entre os agentes, havendo um domínio subjetivo do curso causal.

Humberto Souza Santos explica que:

> Os casos de coautoria caracterizam-se pelo domínio comum do tipo penal por meio de uma divisão do trabalho entre os coautores. No plano subjetivo, revela-se como a decisão comum de realizar fato típico determinado, o que, por sua vez, fundamenta a responsabilidade de cada coautor pelo fato típico comum em sua integralidade. No plano objetivo, a realização comum do

---

[120] ROXIN, Claus. *Autoría y dominio del hecho en derecho penal*. Barcelona: Marcial Pons, 2000, p. 337.

fato típico ocorre por meio de contribuições parciais necessárias para que o fato exista como um todo. Assim, a coautoria se define como a realização do tipo executada por meio de uma divisão de trabalho. O domínio do fato do coautor decorre de sua função na execução, ou seja, ele assume uma tarefa, que é essencial para a realização do plano do fato e lhe possibilita o domínio do acontecimento global mediante sua parcela de contribuição. Esse contexto é identificado por meio de três requisitos essenciais: 1. a existência de um plano comum do fato; 2. uma execução comum; e 3. uma contribuição essencial no estágio de execução. [121]

E finalmente, a teoria do domínio da vontade por meio de aparato organizado de poder, que ficou conhecida no Brasil devido ao julgamento da Ação Penal 470, o Caso Mensalão, foi desenvolvida por Roxin e se dá nos seguintes termos:

> A quarta modalidade de domínio da vontade desenvolvida por Roxin constitui uma nova construção diante das hipóteses tradicionais de autoria mediata. É o caso da submissão do executor do fato a um aparato de poder capaz de assegurar obediência ao homem de trás mesmo nas hipóteses em que inexiste ameaça ou erro, pois o próprio aparato como tal garante o cumprimento das ordens. Aquele que ordena não precisa, nessas circunstâncias, recorrer à ameaça ou ao erro do autor imediato, pois o aparato de poder, na falta do indivíduo destacado para o cumprimento da ordem, possui outro à disposição que possa assumir sua função. Por isso, é uma característica dessa forma de autoria mediata que o homem de trás com frequência não conheça pessoalmente o

---

[121] SANTOS, Humberto Souza. "Autoria mediata por meio de dependência estrutural Econômico-profissional no âmbito das organizações empresariais". *Revista Brasileira de Ciências Criminais*, vol. 117, nov./dez. 2015. Disponível em: http://www.mpsp.mp.br/portal/page/portal/documentacao_e_divulgacao/doc_biblioteca/bibli_servicos_produtos/bibli_boletim/bibli_bol_2006/RBCCrim_n.117.03.PDF. Acesso em: 15 fev. 2020.

executor. De acordo com a teoria do domínio da vontade por meio de aparatos organizados de poder, o autor mediato está na manivela de comando de um aparato de poder, independente do grau de hierarquia, e por meio de uma ordem pode produzir fatos puníveis que não dependem da individualidade do executor. Para que exista esse domínio da organização são necessários três pressupostos. O primeiro, que o homem de trás exerça um poder de comando no âmbito da organização; o segundo, que a organização esteja desvinculada do direito; e o terceiro, que os executores individuais sejam substituíveis, ou seja, fungíveis, de maneira que, caso não se possa contar com a atuação de um determinado executor, outro irá agir em seu lugar.[122]

É interessante, neste ponto, a crítica que o próprio Roxin dirigiu à aplicação de sua teoria à realidade das empresas:

> Apesar do grande sucesso alcançado pela teoria da autoria mediata por meio de aparatos organizados de poder, Roxin, seu criador, afirma que ela não é, de maneira alguma, uma superextensão da autoria. E lamenta que isso de fato ocorra na transferência dessa construção a ações delitivas praticadas a partir da chefia de empreendimentos econômicos ou outras estruturas hierárquicas. Roxin concorda com a aplicação da autoria mediata por meio do domínio de aparatos organizados de poder a organizações mafiosas ou terroristas que tenham à disposição numerosos executores substituíveis, mas a entende inviável quando ausente a fungibilidade do executor, como ocorre, por exemplo, quando, numa empresa participante de relações econômicas no âmbito do ordenamento jurídico, um diretor exorta um funcionário a

---

[122] SANTOS, Humberto Souza. "Autoria mediata por meio de dependência estrutural Econômico-profissional no âmbito das organizações empresariais". *Revista Brasileira de Ciências Criminais*, vol. 117, nov./dez. 2015. Disponível em: http://www.mpsp.mp.br/portal/page/portal/documentacao_e_divulgacao/doc_biblioteca/bibli_servicos_produtos/bibli_boletim/bibli_bol_2006/RBCCrim_n.117.03.PDF. Acesso em: 15 fev. 2020.

falsificar documentos. Nesse caso, o diretor é apenas instigador do fato praticado, cujo autor é o funcionário, pois é de se esperar de qualquer pessoa sob a base de uma organização jurídica de trabalho que não obedeça a instruções ilícitas.[123]

---

[123] SANTOS, Humberto Souza. "Autoria mediata por meio de dependência estrutural Econômico-profissional no âmbito das organizações empresariais". *Revista Brasileira de Ciências Criminais*, vol. 117, nov./dez. 2015. Disponível em: http://www.mpsp.mp.br/portal/page/portal/documentacao_e_divulgacao/doc_biblioteca/bibli_servicos_produtos/bibli_boletim/bibli_bol_2006/RBCCrim_n.117.03.PDF. Acesso em: 15 fev. 2020.

CAPÍTULO IV
ANÁLISE DE CASOS CONCRETOS E APLICAÇÃO DE CONCEITOS

Neste capítulo, serão analisados os estudos sobre *compliance* e a jurisprudência espanhola no tema. Em seguida, coteja-se, como caso concreto de aplicação de doutrinas sobre *compliance,* a Ação Penal 470, relevante para o tema aqui em sustento.

4.1 ESTUDOS E JURISPRUDÊNCIA ESTRANGEIRA

Antes de adentrar especificamente em como os tribunais vêm interpretando a responsabilidade penal do *compliance officer*, importante pontuar como os programas de integridade estão estruturados na legislação espanhola, país em que a jurisprudência relativa ao tema já está mais desenvolvida e que passaremos a analisar mais detidamente. Em seguida, estudaremos caso colhido da jurisprudência alemã.

A responsabilidade penal da pessoa jurídica foi introduzida no ordenamento jurídico espanhol em 2010 e causou uma revolução no Direito Penal ibérico. Porém, a reforma do Código Penal não trouxe uma consideração explícita dos programas de *compliance* como elemento que eximisse a responsabilidade penal.

Foi apenas em 30 de março de 2015 que o Parlamento aprovou a LO 01/2015, reformando o Código Penal, modificando o art. 31 bis,[124]

---

[124] Artículo 31 bis.

1. En los supuestos previstos en este Código, las personas jurídicas serán penalmente responsables:

a) De los delitos cometidos en nombre o por cuenta de las mismas, y en su beneficio directo o indirecto, por sus representantes legales o por aquellos que actuando individualmente o como integrantes de un órgano de la persona jurídica, están autorizados para tomar decisiones en nombre de la persona jurídica u ostentan facultades de organización y control dentro de la misma.

b) De los delitos cometidos, en el ejercicio de actividades sociales y por cuenta y en beneficio directo o indirecto de las mismas, por quienes, estando sometidos a la autoridad de las personas físicas mencionadas en el párrafo anterior, han podido realizar los hechos por haberse incumplido gravemente por aquéllos los deberes de supervisión, vigilancia y control de su actividad atendidas las concretas circunstancias del caso.

2. Si el delito fuere cometido por las personas indicadas en la letra a) del apartado anterior, la persona jurídica quedará exenta de responsabilidad si se cumplen las siguientes condiciones:

1.ª el órgano de administración ha adoptado y ejecutado con eficacia, antes de la comisión del delito, modelos de organización y gestión que incluyen las medidas de vigilancia y control idóneas para prevenir delitos de la misma naturaleza o para reducir de forma significativa el riesgo de su comisión;

2.ª la supervisión del funcionamiento y del cumplimiento del modelo de prevención implantado ha sido confiada a un órgano de la persona jurídica con poderes autónomos de iniciativa y de control o que tenga encomendada legalmente la función de supervisar la eficacia de los controles internos de la persona jurídica;

3.ª los autores individuales han cometido el delito eludiendo fraudulentamente los modelos de organización y de prevención y

4.ª no se ha producido una omisión o un ejercicio insuficiente de sus funciones de supervisión, vigilancia y control por parte del órgano al que se refiere la condición 2.ª

En los casos en los que las anteriores circunstancias solamente puedan ser objeto de acreditación parcial, esta circunstancia será valorada a los efectos de atenuación de la pena.

3. En las personas jurídicas de pequeñas dimensiones, las funciones de supervisión a que se refiere la condición 2.ª del apartado 2 podrán ser asumidas directamente por el órgano de administración. A estos efectos, son personas jurídicas de pequeñas dimensiones aquéllas que, según la legislación aplicable, estén autorizadas a presentar cuenta de pérdidas y ganancias abreviada.

CAPÍTULO IV - ANÁLISE DE CASOS CONCRETOS E APLICAÇÃO...

que incluiu os elementos delimitadores do programa de *compliance*.[125]

A novidade mais importante é exatamente a fixação dos programas de *compliance* como excludentes de responsabilidade penal, sendo que tal excludente ocorre de modo diferenciado caso o crime seja praticado por pessoas em cargos de alta direção.

Nesse caso, quando: a) o órgão de administração adotou e executou com eficácia modelos de organização e gestão que incluem medidas de vigilância e controles inidôneos para prevenir delitos; b) a supervisão do funcionamento e do cumprimento do programa de *compliance* implantado tiver sido confirmada por um órgão da pessoa jurídica com

---

4. Si el delito fuera cometido por las personas indicadas en la letra b) del apartado 1, la persona jurídica quedará exenta de responsabilidad si, antes de la comisión del delito, ha adoptado y ejecutado eficazmente un modelo de organización y gestión que resulte adecuado para prevenir delitos de la naturaleza del que fue cometido o para reducir de forma significativa el riesgo de su comisión.

En este caso resultará igualmente aplicable la atenuación prevista en el párrafo segundo del apartado 2 de este artículo.

5. Los modelos de organización y gestión a que se refieren la condición 1.ª del apartado 2 y el apartado anterior deberán cumplir los siguientes requisitos:

1.º Identificarán las actividades en cuyo ámbito puedan ser cometidos los delitos que deben ser prevenidos.

2.º Establecerán los protocolos o procedimientos que concreten el proceso de formación de la voluntad de la persona jurídica, de adopción de decisiones y de ejecución de las mismas con relación a aquéllos.

3.º Dispondrán de modelos de gestión de los recursos financieros adecuados para impedir la comisión de los delitos que deben ser prevenidos.

4.º Impondrán la obligación de informar de posibles riesgos e incumplimientos al organismo encargado de vigilar el funcionamiento y observancia del modelo de prevención.

5.º Establecerán un sistema disciplinario que sancione adecuadamente el incumplimiento de las medidas que establezca el modelo.

6.º Realizarán una verificación periódica del modelo y de su eventual modificación cuando se pongan de manifiesto infracciones relevantes de sus disposiciones, o cuando se produzcan cambios en la organización, en la estructura de control o en la actividad desarrollada que los hagan necesarios.

125 BEVIÁ, Jordi Gimeno. *Compliance y proceso penal. El proceso penal de las personas jurídicas*. Espanha: Civitas, 2016, p. 277.

poderes autônomos de iniciativa e controle (*compliance officer*); c) os autores individuais – cargos de alta direção, como administradores, representantes etc. – tiverem cometido o delito, eludindo-se fraudulentamente dos modelos de organização e prevenção; d) não houve omissão ou negligência do setor de *compliance*; não se aplicará a causa excludente de responsabilidade.[126]

Além disso, a lei espanhola de contratos do setor público (Ley 9/2017), traz, em seu art. 64, a necessidade expressa de adoção de "medidas adequadas para o combate à corrupção", sustentando a necessidade de manutenção de programas de *compliance* por empresas interessadas em serem contratadas pela Administração Pública:

> Art. 64. Lucha contra la corrupción y prevención de los conflictos de intereses. 1. Los órganos de contratación deberán tomar las medidas adecuadas para luchar contra el fraude, el favoritismo y la corrupción, y prevenir, detectar y solucionar de modo efectivo los conflictos de intereses que puedan surgir en los procedimientos de licitación con el fin de evitar cualquier distorsión de la competencia y garantizar la transparencia en el procedimiento y la igualdad de trato a todos los candidatos y licitadores.
>
> (...)
>
> 2. A estos efectos el concepto de conflicto de intereses abarcará, al menos, cualquier situación en la que el personal al servicio del órgano de contratación, que además participe en el desarrollo del procedimiento de licitación o pueda influir en el resultado del mismo, tenga directa o indirectamente un interés financiero, económico o personal que pudiera parecer que compromete su imparcialidad e independencia en el contexto del procedimiento de licitación. Aquellas personas o entidades que tengan

---

[126] BEVIÁ, Jordi Gimeno. *Compliance y proceso penal*. El proceso penal de las personas jurídicas. Espanha: Civitas, 2016, pp. 278/279.

CAPÍTULO IV – ANÁLISE DE CASOS CONCRETOS E APLICAÇÃO...

conocimiento de un posible conflicto de interés deberán ponerlo inmediatamente en conocimiento del órgano de contratación.[127]

Ainda na mesma normativa, há previsão de algumas hipóteses em que a contratação com o setor público fica proibida, dispostas no art. 71, como, por exemplo, casos de corrupção, tráfico de influências, fraudes, entre outros.

O mesmo diploma legal, por sua vez, enuncia que a declaração de proibição de contratar será dirimida, entre outros casos, se, durante o trâmite de audiência do processo correspondente, a pessoa que se enquadre em situação de proibição adote *"medidas técnicas, organizativas y de personal apropiadas para evitar la comisión de futuras infracciones administrativas"*.[128]

Outra importante norma que desempenha papel significativo referente aos programas de *compliance* na Espanha são as chamadas "Circulares de Fiscalía", expedidas pela Fiscalía Geral do Estado[129] (órgão similar ao Ministério Público), em especial as circulares n. 1/2011 e n. 1/2016, ambas tratando da responsabilidade penal da pessoa jurídica.

Tratam acerca da importância do *compliance* como medida de prevenção de cometimento de delitos de pessoas jurídicas, representando uma cultura ética empresarial.[130]

A Espanha é uma das pioneiras na discussão acerca da responsabilização criminal e administrativa dos diretores de empresa, principalmente

---

127 ESPANHA. "Ley 9/2017". *Agencia Estatal Boletín Oficial del Estado*. Disponível em: https://www.boe.es/buscar/act.php?id=BOE-A-2017-12902 Acesso em: 25 nov. 2018.

128 ESPANHA. "Ley 9/2017, art. 72, 5". *Agencia Estatal Boletín Oficial del Estado*. Disponível em: https://www.boe.es/buscar/act.php?id=BOE-A-2017-12902 Acesso em: 25 nov. 2018.

129 Órgão autônomo do poder judiciário, que tem como função dirigir a investigação pré-processual e processual penal. Disponível em: https://www.fiscalia.gob.ec/institucion/. Acesso em: 8 ago. 2019.

130 BEVIÁ, Jordi Gimeno. *Compliance y proceso penal. El proceso penal de las personas jurídicas*. Espanha: Civitas, 2016, pp. 282/283.

no que tange a cargos de vigilância e cuidado de riscos generalizados na organização empresarial. Tal discussão pode ser estendida ao *compliance officer*, uma vez que poderia ser responsável pelos feitos puníveis ocorridos dentro da empresa.

Em relação à organização, o legislador previu vários modelos organizacionais e de gestão para a prevenção de riscos criminais a serem introduzidos na empresa, primeiramente, quando afirma que "o órgão administrativo efetivamente adotou e executou antes a comissão do crime, modelos de organização e gestão que incluem as medidas apropriadas de vigilância e controle para prevenir crimes...".[131]

Em segundo lugar, quando "a supervisão da operação e o cumprimento do modelo a prevenção implantada foi confiada a um órgão da entidade legal com poderes autônomos de iniciativa e controle ou legalmente encarregado da função de supervisionar a eficácia dos controles internos da entidade legal".[132] Em todos os casos, o sistema da organização de prevenção de riscos criminais tem como objetivo implementar na empresa não apenas uma função de controle, mas também uma isenção total ou parcial de responsabilidade.

Vale salientar também, junto com Álvaro García Sánchez, a novidade do tema, não só nos países em desenvolvimento, quanto naqueles desenvolvidos e os contextualizados na União Europeia, como a própria Espanha. Assim:

> Aunque no tengamos tradición, sí que se aprecia que en las últimas décadas, se ha ido introduciendo en nuestro Ordenamiento, normativa de diverso calado, tendente a un mayor nivel de exigencia a los empresarios, en descargo de las administraciones

---

[131] ESPANHA. "Ley Orgánica 10/1995, de 23 noviembre, del Código Penal, art. 31 bis". *Agencia Estatal Boletín Oficial del Estado*. Disponível em: https://www.boe.es/buscar/act.php?id=BOE-A-1995-25444. Acesso em: 28 de jun 2021.

[132] ESPANHA. "Ley Orgánica 10/1995, de 23 noviembre, del Código Penal". *Agencia Estatal Boletín Oficial del Estado*. Disponível em: https://www.boe.es/buscar/act.php?id=BOE-A-1995-25444. Acesso em: 28 de jun 2021.

CAPÍTULO IV – ANÁLISE DE CASOS CONCRETOS E APLICAÇÃO...

públicas. Así por ejemplo, en el Derecho de sociedades, Derecho laboral, Protección de Datos, Derecho de la competencia, los administradores de las empresas han adquirido numerosas obligaciones en aras de prevenir y controlar las infracciones que se pueden cometer en el seno de la empresa, y en definitiva, se trata de que las propias empresas controlen sus riesgos, y para ello, se autorregulen y se autocontrolen.[133]

Já em relação à jurisprudência do Supremo Tribunal Espanhol, Jordi Gimeno Beviá[134] destaca duas decisões importantes acerca da responsabilização penal da pessoa jurídica, bem como acerca dos programas de integridade em si.

O primeiro julgado, proferido em 29 de fevereiro de 2016, trata de uma condenação de três empresas por delitos contra a saúde pública mediante tráfico internacional de drogas entre Venezuela e Espanha. Duas dessas empresas eram laranjas e a terceira detinha uma atividade legal. A sanção desta última foi abrandada para não afetar os trabalhadores que nela trabalhavam, mas ainda sim considerada penalmente responsável. Os administradores das sociedades, por suas vezes, foram processados e condenados como pessoas físicas.

Apesar de tais empresas contarem com programas de *compliance*, o Supremo Tribunal Espanhol entendeu que se tratavam apenas de *"window dressing"*, ou seja, de programas de mera aparência.

O segundo julgado foi proferido em 16 de março de 2016 e é referente a uma empresa dedicada ao setor imobiliário condenada por um delito de estelionato. Em primeira instância foi condenada ao pagamento de multa, bem como cessação das atividades, sendo condenados

---

[133] SÁNCHEZ, Álvaro García. *La responsabilidad penal de las Personas Jurídicas en el Ordenamiento jurídico español*: desarrollo de un modelo de prevención de delitos (Compliance program) Tese (Doutorado). 640f. Direito Empresarial. Universidad Europea, Madrid, 2017, p. 291.

[134] BEVIÁ, Jordi Gimeno. *Compliance y proceso penal. El proceso penal de las personas jurídicas*. Espanha: Civitas, 2016, pp. 282/283.

igualmente os proprietários a dois anos de prisão. Porém, nos tribunais superiores, a sociedade foi absolvida porque consideraram que a pessoa jurídica foi condenada sem haver sido formalmente imputada.

Já tratando especificamente do comportamento omissivo do dirigente de empresa infringindo seus deveres de garante, não há lei espanhola que preveja especificamente tal conduta, relativas ao controle e vigilância do superior, diferentemente do que ocorre na Alemanha (art. 130 da Lei de Contravenções Penais da Alemanha).[135] Da mesma forma, não existe nenhum tipo penal que estabeleça a responsabilidade do superior por não haver prevenido adequadamente o delito de seu funcionário.[136]

Dessa forma, não poderia ser enquadrado como autoria mediata, mas sim como conduta omissiva em coautoria, como coloca Bacigalupo:

> Consecuentemente la omisión de medidas de control y de vigilância no podrá ser considerada autoria mediata del delito del subordinado cometido aprovechando este descontrol, si se admite, como la doctrina mayoritaria, que no cabe uma autoria mediata por omisión en los delictos activos. Ello no excluye, sin embargo, la posibilidad de uma cooperación omissiva, sea en los términos del art. 28.a) o 29 CP, en el delito activo del subordinado.[137]

---

[135] Section 130, Act on Regulatory Offences. (1) Whoever, as the owner of an operation or undertaking, intentionally or negligently omits to take the supervisory measures required to prevent contraventions, within the operation or undertaking, of duties incumbent on the owner and the violation of which carries a criminal penalty or a regulatory fine, shall be deemed to have committed a regulatory offence in a case where such contravention has been committed as would have been prevented, or made much more difficult, if there had been proper supervision. The required supervisory measures shall also comprise appointment, careful selection and surveillance of supervisory personnel.

[136] BACIGALUPO, Enrique. *Compliance y derecho penal*. Navarra: Aranzadi, 2011, p. 25.

[137] BACIGALUPO, Enrique. *Compliance y derecho penal*. Navarra: Aranzadi, 2011, p. 25.

CAPÍTULO IV - ANÁLISE DE CASOS CONCRETOS E APLICAÇÃO...

Nota-se que o autor menciona dois artigos do Código Penal espanhol, referentes respectivamente à autoria mediata e coautoria.[138] Respaldando em casos concretos, foram duas decisões importantes referentes à autoria mediata e coautoria.

A primeira trata-se da SSTS de 7 de junho de 1994, em que se admitiu a autoria mediata de um prefeito que incitou uma série de pessoas plenamente responsáveis a continuar agressões contra a propriedade e as pessoas. O Supremo Tribunal Espanhol admitiu implicitamente a figura do autor por detrás dos autores plenamente responsáveis.

A segunda decisão, 708/2010, resultou no mesmo desfecho, tratando de um grupo hierarquizado, em que os chefes de uma banda chamada *Latin Kings* teriam sido responsáveis por uma série de mortes.

Em que pese não se tratarem decisões do âmbito empresarial, foram importantes para a consolidação dos conceitos de autoria mediata e coautoria, sendo o entendimento fixado nos arts. 27 e ss. do Código Penal espanhol, citado anteriormente.

O art. 28 especificamente estabelece que, na autoria mediata, o autor imediato deve ter sido utilizado do outro como instrumento para cometimento do delito. Salienta-se que, após a entrada do Código Penal espanhol em 1995, o Supremo Tribunal espanhol só teve uma única oportunidade de se manifestar sobre a autoria mediata. Porém, como expõe Bacigalupo, a situação de domínio da decisão já seria suficiente para caracterizar a autoria mediata:

> En el caso de las relaciones de los directivos y sus dependentes parece claro, sin embargo, que la posición jerárquica de superioridad del directivo sobre el subordinado debería ser suficiente

---

[138] Artículo 28. Son autores quienes realizan el hecho por sí solos, conjuntamente o por medio de otro del que se sirven como instrumento. También serán considerados autores: a) Los que inducen directamente a otro u otros a ejecutarlo. b) Los que cooperan a su ejecución con un acto sin el cual no se habría efectuado.

Artículo 29. Son cómplices los que, no hallándose comprendidos en el artículo anterior, cooperan a la ejecución del hecho con actos anteriores o simultáneos.

para fundamentar su domínio de la decisión sobre la comisión del hecho y que tal circunstancia permite fundamentar la calidad de instrumento del subordinado, aun cuando éste no tenga el deber jurídico de cumplir la orden antijurídica, pero esté disposto a hacerlo.[139]

Outro país com importantes ponderações especificamente sobre a responsabilização criminal do *compliance officer* é a Alemanha. A decisão mais importante sobre o assunto deu-se em 17 de julho de 2009 (BGH StR 5 394/08), tratando diretamente sobre o *compliance officer* como garantidor da não ocorrência de crimes dentro da empresa, bem como tutor da obrigação de cuidado, proteção e vigilância da normal.

No caso, o réu ocupava a chefia do departamento de auditoria interna e do departamento jurídico de uma empresa pública de Berlim e, executando o seu trabalho, descobriu um erro no sistema de informática que gerava notificações de encargos indevidos. O réu relatou o problema ao membro do conselho de administração, mas seguiu o direcionamento da direção para não corrigir o erro sistemático.

O Tribunal decidiu que há posição de garante do CO, tendo sida fixada suas obrigações não somente no âmbito da prevenção de dados na empresa, mas também evitar que danos ocorram a terceiros em razão de atos praticados pela empresa.[140]

4.2 O CASO DA AÇÃO PENAL 470

Um dos casos mais emblemáticos que tratam do tema foi a Ação Penal 470, julgada em 2013 pelo Supremo Tribunal Federal, também conhecido como o processo do Mensalão. Veio à tona, pela primeira vez,

---

[139] BACIGALUPO, Enrique. *Compliance y derecho penal*. Navarra: Aranzadi, 2011, p. 32.
[140] PLANAS, Ricardo Robles. "El responsable de cumplimiento (*Compliance Officer*) ante el derecho penal". *In*: SILVA SÁNCHES, Jesús-Maria; FERNANDES, Raquel Montaner. *Criminalidad de empresa y Compliance*. Barcelona: Atelier, 2013, p. 319.

CAPÍTULO IV - ANÁLISE DE CASOS CONCRETOS E APLICAÇÃO...

a discussão acerca da responsabilização criminal de agentes financeiros que não teriam executado o crime diretamente, mas que teriam atuado para a execução de forma indireta, como autores mediatos.

Interessante mencionar a leitura feita sobre o *criminal compliance*, relativo aos deveres de vigilância determinadas pela Lei n. 9.613/98. Conforme mencionado por Renato de Mello Silveira e Eduardo Saad-Diniz, "não mais se pensaria em punição de um agente que dispõe do domínio do fato, mas, sim, de um agente específico, que deixa de praticar dever também específico".[141] Muitas vezes foi citada, durante o julgamento da ação penal, a Teoria do Domínio do Fato, já anteriormente mencionada.

Segundo o entendimento dos ministros, poderiam ser incriminados aqueles que não tivessem participado diretamente do ato executório, mas que tenham detido, de alguma forma, o domínio final do fato, com o controle da execução sob seu comando.

Além de tocar especificamente no assunto de *compliance*, tal ação teve relação direta com a responsabilização criminal dos *compliance officers*. Isso porque houve condenação dos integrantes do núcleo financeiro, por sua autoria mediata, ou seja, sem serem executores de tais ações.

Um dos condenados, Vinicius Samarane, considerado *compliance officer* do Banco Rural, foi sentenciado por gestão fraudulenta e lavagem de dinheiro, tendo em vista a posição que assumia dentro da empresa, por ter determinado a alteração dos relatórios internos do banco relativos à *compliance* e lavagem de dinheiro. Nesse sentido, dá-se o trecho do voto de Celso de Mello:

> [...] produzindo peças enganosas e procedendo a incorretas classificações de risco, tendo adotado medidas para frustrar a função fiscalizadora do Banco Central, além de haver praticado de modo consciente e voluntário outros atos que convergiram

---

141 SILVEIRA, Renato de Mello Jorge; DINIZ, Eduardo Saad. *Compliance, direito penal e a lei anticorrupção*. São Paulo: Saraiva, 2015, p. 200.

no sentido de conferir operacionalidade aos desígnios criminosos dos agentes, unidos por um propósito específico. Tudo isso permite reconhecer, a meu juízo, a sua condição de coautor do fato criminoso". [...] Coautor não é necessariamente quem realiza o núcleo do tipo penal, mas aquele que realiza um fragmento no plano operacional, que reflete uma atividade comum, exercida em função de um projeto criminoso comum.[142]

Teria, assim, praticado um crime comissivo por omissão, conforme elucida o ministro:

Quanto a Vinicius Samarane, acresço que, embora não tenha participado diretamente da concessão ou da renovação dos empréstimos fraudulentos, restou evidenciado pela prova, consoante já expus, seu envolvimento não só nas fraudes dos relatórios internos, como também na estruturação do esquema criminoso para a ocultação e dissimulação das operações de saque em espécie envolvendo o produto de crimes. Salienta-se que era diretor ou superintendente pela área de controle e compliance, com vinculação direta portanto às fraudes no sistema de prevenção à lavagem.[143]

O que se percebe, diante do julgamento do Mensalão, foi que, mesmo após discussões acerca do *compliance* e a posição do *compliance officer*, ainda não restou clara sua responsabilização penal. Essa, ademais, é a opinião de Helena Regina Lobo e Marina Pinhão:

---

[142] MINISTRO CELSO DE MELLO vota pela condenação de três dirigentes do Banco Rural e absolve Ayanna Tenório. *Portal STF*. Disponível em: http://m.stf.gov.br/portal/noticia/verNoticiaDetalhe.asp?idConteudo=217450. Acesso em: 25 ago. 2019.

[143] MINISTRO CELSO DE MELLO vota pela condenação de três dirigentes do Banco Rural e absolve Ayanna Tenório. *Portal STF*. Disponível em: http://m.stf.gov.br/portal/noticia/verNoticiaDetalhe.asp?idConteudo=217450. Acesso em: 25 ago. 2019.

CAPÍTULO IV - ANÁLISE DE CASOS CONCRETOS E APLICAÇÃO...

...apesar de os elementos fáticos terem se apresentado e sido objeto de questionamentos, o STF não se valeu, mais marcadamente, da dogmática penal dos crimes comissivos por omissão para a sua análise. Não se vislumbra, nos votos e nas discussões havidas, menções à configuração dessa estrutura delitiva, tampouco exame de seus componentes acima arrolados – a impressão que se tem, a partir da leitura, é que os votos se construíram de modo mais intuitivo. Diante disso, deve-se lamentar que o tribunal não tenha feito uso de uma ferramenta que vem sendo acurada ao longo de décadas de discussões pela doutrina penal e que visa, justamente, tentar conferir maior rigor e segurança jurídica às decisões, sobretudo em um caso complexo como esse.[144]

Não foram mencionadas, em nenhum momento do julgamento em questão, as obrigações geradas pela autorregulação, atuando num papel preventivo-geral ou a autorregulação como instrumento aditivo de dever de garantia. Segundo Renato de Mello e Eduardo Saad-Diniz, o que houve foi a "utilização de preceito do *compliance program* para o incremento de imputação, mesmo havendo déficit legislativo para tanto".[145]

Porém, pode-se dizer que, a partir desse julgamento, foi possível observar que o envolvimento dos bancos no processo de lavagem de dinheiro, seja do *compliance officer* ou de seus diretores, dá-se majoritariamente através de condutas omissivas. Tais tipos de condutas estão diretamente veiculados à omissão do dever de fiscalizar e principalmente de comunicar operações de lavagem de dinheiro.

Em tese, todos os bancários estão submetidos a essa obrigação legal, porém o dever de garante é inerente ao *compliance officer*, que deve identificar e informar posteriormente as autoridades competentes todos aqueles que se omitiram em seus deveres legais.

---

[144] COSTA, Helena Regina Lobo da; ARAÚJO, Marinha Pinhão Coelho. "Criminal compliance na AP 470". *RBCCrim,* n. 106, 2013, p. 228.
[145] SILVEIRA, Renato de Mello Jorge; DINIZ, Eduardo Saad. *Compliance, direito penal e a lei anticorrupção.* São Paulo: Saraiva, 2015, p. 209.

Observa-se o voto do ministro Joaquim Barbosa, ao tecer observações:

> A tese do réu quanto ao seu desconhecimento não merece ser acolhida, na medida em que o Banco Rural possui um sistema de controle e, inclusive, uma área de compliance que indica consoante bem destacado pelo Sr. Carlos Godinho, a prática de operações suspeitas. Assim, o réu teve a informação disponibilizada pela área de compliance, em associação com os demais réus do núcleo financeiro, conscientemente desconsiderou os riscos inerentes às operações, a fim de viabilizar a prática de ilícitos criminais.[146]

Em apertada síntese, o Supremo Tribunal Federal responsabilizou os dirigentes da instituição financeira por lavagem de dinheiro pelo estrito descumprimento das previsões relativas à prevenção imposta pela Lei de Lavagem e pelos regulamentos do Bacen.

Pode-se dizer que tal interpretação representaria um expansionismo penal, conforme expõem Renato de Mello Silveira e Eduardo Saad-Diniz:

> Inicialmente, a lei (de lavagem) é bastante clara ao destacar que a responsabilidade pela não observância das regras de compliance é, no caso, administrativa. Em segundo lugar, essa leitura ampliada do tipo penal poderia dar lugar a problemáticas situações, além de viciar um instrumento notadamente preventivo em reforço de um instrumento repressivo.[147]

Entendemos que a discussão que surgiu no Mensalão acerca do *compliance* e, em especial, ao *compliance officer*, foi de suma importância,

---

[146] BARBOSA, Joaquim apud SILVEIRA, Renato de Mello Jorge; DINIZ, Eduardo Saad. *Compliance, direito penal e a lei anticorrupção*. São Paulo: Saraiva, 2015, p. 207.

[147] SILVEIRA, Renato de Mello Jorge; DINIZ, Eduardo Saad. *Compliance, direito penal e a lei anticorrupção*. São Paulo: Saraiva, 2015, p. 207.

trazendo para debate assuntos ainda pouco explorados. Porém, não delimitou os critérios para demarcar os espaços da responsabilidade do *compliance officer* ou quais os membros que poderiam ser responsabilizados.

4.3 A RESPONSABILIDADE DO *COMPLIANCE OFFICER* NA CONDUÇÃO DA INVESTIGAÇÃO INTERNA DE *COMPLIANCE*

As investigações internas de *compliance* são um procedimento de levantamento de documentos e informações para analisar condutas antiéticas de seus funcionários, prestadores de serviços, parceiros etc. Essa prática tem se disseminado porque é mais simples que a empresa encontre internamente o problema e apresente à autoridade todos os documentos levantados, caso de fato ocorra algum ilícito.

Diz-se "investigação interna", pois ela ocorre dentro da empresa, sendo desempenhada unicamente pela pessoa jurídica (ou por pessoa contratada). Não se confunde com as investigações promovidas por autoridades, que são externas à pessoa jurídica.[148]

Assim, trata-se de um conjunto de ações articuladas para esclarecer determinados fatos ocorridos envolvendo uma pessoa jurídica. Leopoldo Pagotto, Silvia Helene Almeida e Indira Fernandes explicam cada conceito:

> Ações articuladas para esclarecimento: a investigação precisa ter uma direção e ser planejada: Deve-se delinear um plano de investigação, identificando-se os possíveis meios de prova (testemunhas, documentos, e-mails, etc.).
>
> Fatos: os fatos não precisam ser necessariamente ilegais – às vezes, os fatos podem constituir apenas violações das políticas

---

[148] PAGOTTO, Leopoldo; ALMEIDA, Silvia Helena; FERNANDES, Indira. "Investigações internas". *In*: CARVALHO, André Castro; BERTOCELLI, Rodrigo de Pinho; ALVIM, Tiago Cripa; VENTURINI, Otávio. *Manual de compliance*. Investigações Internas. Rio de Janeiro: Forense, 2019, p. 182.

e procedimentos internos. Em outras hipóteses, os fatos podem se referir às circunstâncias de tomadas de decisão, quem tomou uma má decisão empresarial e quais os motivos que estão por trás dessa decisão?

Subsidiar o processo de tomada de decisões: as investigações internas ocorrem para que se tome uma decisão a respeito dos fatos. As decisões podem ser as mais diversas: responsabilizar os envolvidos, colaborar com as autoridades (ou não), aperfeiçoar processos e procedimentos, dentre outras.[149]

Trata-se de elemento central em um programa de *compliance* efetivo, pois busca detectar e interromper condutas ilegais, obter informações sobre atos ilícitos ou amorais permite a adoção de medidas de remediação adequadas, bem como eventual recuperação de danos e prejuízos causados à empresa.

Assim, a investigação interna pode ser uma estratégia jurídica para diminuir significativamente as sanções impostas e para reduzir danos decorrentes do ilícito. Um exemplo disso foi a colaboração prestada pela Siemens, que, ao encontrar-se envolvida em um escândalo internacional, graças à colaboração prestada às autoridades em decorrência da realização de investigações internas, uma multa inicial que se calculava em torno de vários milhões de euros foi reduzida e acordada em um patamar muito inferior com as autoridades alemãs.[150]

São diversas as alegações que podem ocasionar em uma investigação, considerando que a alegação pode violar políticas internas da

---

[149] PAGOTTO, Leopoldo; ALMEIDA, Silvia Helena; FERNANDES, Indira. "Investigações internas". *In*: CARVALHO, André Castro; BERTOCELLI, Rodrigo de Pinho; ALVIM, Tiago Cripa; VENTURINI, Otávio. *Manual de compliance*. Investigações Internas. Rio de Janeiro: Forense, 2019, p. 182.

[150] MONTIEL, Juan Pablo. "Autolimpieza empresarial: *Compliance* programs, investigaciones internas y neutralización de riesgos penales". *In*: KUHLEN, Lothar; PABLO MONTIEL, Juan; URBINA GIMENO, Íñigo Ortiz de (Coord.) *Compliance y Teoría del Derecho Penal*. Madrid: Marcial Pons, 2013.

CAPÍTULO IV – ANÁLISE DE CASOS CONCRETOS E APLICAÇÃO...

empresa, bem como legislações, tais como a Lei Anticorrupção Brasileira (Lei n. 12.846/13) e/ou o FCPA.

Segundo a Pesquisa Global de Fraudes e Crises Econômicas de 2018, o principal método de detecção de fraudes, tanto internacionalmente quanto no Brasil, são as auditorias internas de rotina, seguido do monitoramento do risco de fraude.[151]

Assim, percebe-se que o controle corporativo é o principal método de detecção de fraude, assumindo um papel de grande importância. Surge, então, a questão sobre quais alegações devem ser investigadas ou não.

Antes de adentrar nesse tópico, é importante frisar que o Conselho Federal da Ordem dos Advogados do Brasil regulamentou o Provimento n. 188/2018, que dá bases para advogados fazerem investigações, bem como presidirem inquéritos defensivos. O provimento dá papel importante ao advogado, que já vinha acumulando essa tarefa há certo tempo, pois para a condução de qualquer investigação, é necessário o conhecimento jurídico para que a investigação se dê sempre dentro da legalidade.

Colocado isso, voltamos à questão referente a necessidade de investigação ou não. Segundo relatório da PwC, seis pontos devem ser analisados para ser tomada a decisão acerca da investigação:

> Materialidade quantitativa – possivelmente importante para as demonstrações financeiras e/ou capaz de levar a uma fraqueza material nos controles internos.
> Materialidade quantitativa – representa possíveis danos à marca ou à reputação.
> Gravidade – envolve uma possível violação de leis e regulamentos.
> Pervasividade – as acusações podem envolver a alta administração ou representar um problema cultural generalizado.

---

[151] Como supervisionar investigações internas. *PwC*. Disponível em: https://www.pwc.com.br/pt/estudos/preocupacoes-ceos/mais-temas/2018/sup_invest_int_18.pdf. Acesso em: 16 dez. 2019.

Resposta da administração a uma denúncia — resposta insuficiente ou falta de objetividade ou transparência.

Dificuldade de resolução — aspectos previstos para a execução do plano estão sendo seguidos pela administração.[152]

Em algumas situações, é necessária a constituição de comitês especiais, com um advogado externo. Isso ocorre quando há indícios de que executivos sêniores, conselheiros ou acionistas possam ter tido um envolvimento na alegação.[153]

Além disso, é interessante que o comitê de investigação seja formado por diferentes áreas da empresa, como Recursos Humanos, Jurídico, Auditoria Interna, sendo sempre recomendável que as decisões sejam colegiadas.

Ao término das investigações, o empregador deverá montar um dossiê com toda a documentação analisada e elaborar um relatório minucioso do ocorrido, indicando a improcedência ou procedência da denúncia.

Outro importante e recente avanço em relação às investigações internas ocorreu na Alemanha, que vem caminhando para implementar a Lei de Contraordenações (*Ordnungswidrigkeitengesetz* — OWiG). A nova Lei de Sanções de Crimes Corporativos (*Gesetz zur Sanktionierung von verbandsbezogenen Straftaten*[154]) pretende oferecer um melhor instrumentário para a repressão de delitos praticados por corporações.

---

[152] COMO supervisionar investigações internas. *PwC*. Disponível em: https://www.pwc.com.br/pt/estudos/preocupacoes-ceos/mais-temas/2018/sup_invest_int_18.pdf. Acesso em: 16 dez. 2019.

[153] KIM, Shin Jae; CARVALHO, Fernando. "Governança de uma investigação interna". *Jota*, 10 ago. 2018. Disponível em: www.jota.info/opiniao-e-analise/colunas/coluna-do-tozzinifreire/governanca-de-uma-investigacao-interna-10082018. Acesso em: 8 jan. 2020.

[154] Contido no Projeto de Lei de Combate à Criminalidade Corporativa (*Entwurf eines Gesetzes zur Bekämpfung der Unternehmenskriminalität*), de 15 ago. 2019.

CAPÍTULO IV - ANÁLISE DE CASOS CONCRETOS E APLICAÇÃO...

Esse projeto, além de apresentar novas penalidades às pessoas jurídicas, também prevê atenuação de sanção no caso de investigações internas. Porém, alguns critérios devem ser seguidos para que tal atenuante seja aplicado.

Exige-se, assim como na Lei Anticorrupção (art. 16 da Lei n. 12.846/13), que a empresa contribua para a elucidação dos fatos. Deve, inclusive, colocar à disposição das autoridades o relatório de investigação interna e seus respectivos documentos.[155]

Percebe-se que a investigação interna vem ganhando cada vem mais importância, mas que exige respostas eficazes e rápidas por parte da administração.

4.4 TABELIÃES E OFICIAIS DE REGISTRO COMO *COMPLIANCE OFFICERS*

Em primeiro lugar, destaque-se que os tabeliães e oficiais de registro cumprem uma função de extrema relevância em nossa sociedade. Trata-se de missão vinculada à segurança jurídica das relações, e, mais especificamente à "segurança jurídica preventiva".[156]

Tal segurança se materializa, principalmente, por meio da emissão de documentos dotados de fé pública. Isso implica dizer que um funcionário a quem se confere legitimidade recebe do Estado o poder de certificar a veracidade de determinado ato ou fato documentado. Assim, o documento público goza de presunção de veracidade e legalidade e constitui a prova fundamental dos atos jurídicos.

---

[155] TEIXEIRA, Adriano. GOÉS, Guilherme; ENSEL, Linus. "O projeto de lei de sanções corporativas da Alemanha". *Jota*, 6 jan. 2020. Disponível em: www.jota.info/opiniao-e-analise/colunas/penal-em-foco/o-projeto-de-lei-de-sancoes-corporativas-da-alemanha-06012020#_ftn2. Acesso em: 8 jan. 2020.

[156] CERVINI, Raúl; ADRIASOLA, Gabriel. *Responsabilidade penal dos profissionais jurídicos*. São Paulo: Revista dos Tribunais, 2013, pp. 211/212.

Porém, a função notarial é mais complexa do que se apresenta em um primeiro momento. Em termos gerais, podemos dizer que ela possui quatro diferentes e importantes aspectos:[157]

(i) Condição de portador da fé pública;
(ii) Condição de assessor;
(iii) Dever de controlar a legalidade dos atos jurídicos em que for chamado a intervir;
(iv) Dever de denunciar a ilegalidade de atos jurídicos de seus clientes.

Por meio da (i) condição de portador da fé pública, o notário pode certificar a veracidade e autenticidade de determinados atos e fatos. A "fé pública" seria, portanto, exatamente a presunção legal de veracidade e legalidade atribuída a certos atos e fatos por ele certificados, que se constituí como parcela do poder estatal.

No Brasil, esses profissionais titularizam a responsabilidade pelos serviços prestados no âmbito dos cartórios extrajudiciais em todo o Brasil. Trata-se de atividade própria do Estado, que é repassada a particulares, que a exercem a título de delegação. Tal delegação se dá mediante a aprovação em concurso público de provas e títulos.

Registre-se, ainda, por oportuno, que os serviços extrajudiciais estão sujeitos à fiscalização do Poder Judiciário, do qual emana regulamentação específica aplicável, como será visto adiante.

Ressalte-se, contudo, que a fé pública não se equipara a um mero poder de certificação, o qual também é conferido a determinadas pessoas e órgãos no uso de suas atribuições, mas sim de poder estatal não relacionado apenas à presunção de veracidade e legalidade, mas também à eficácia emanada dos documentos públicos, em todo o sistema das relações jurídicas.

---

[157] CERVINI, Raúl; ADRIASOLA, Gabriel. *Responsabilidade penal dos profissionais jurídicos*. São Paulo: Revista dos Tribunais, 2013, pp. 211/212.

CAPÍTULO IV – ANÁLISE DE CASOS CONCRETOS E APLICAÇÃO...

Assim, nos termos da Lei n. 8.935/1994, também conhecida como Lei dos Cartórios, que regulamenta a atividade, temos que:

> Art. 1º Serviços notariais e de registro são os de organização técnica e administrativa destinados a garantir a publicidade, autenticidade, segurança e eficácia dos atos jurídicos.
>
> (...)
>
> Art. 3º Notário, ou tabelião, e oficial de registro, ou registrador, são profissionais do direito, dotados de fé pública, a quem é delegado o exercício da atividade notarial e de registro.
>
> (...)
>
> Art. 5º Os titulares de serviços notariais e de registro são os:
>
> I – tabeliães de notas;
>
> II – tabeliães e oficiais de registro de contratos marítimos;
>
> III – tabeliães de protesto de títulos;
>
> IV – oficiais de registro de imóveis;
>
> V – oficiais de registro de títulos e documentos e civis das pessoas jurídicas;
>
> VI – oficiais de registro civis das pessoas naturais e de interdições e tutelas;
>
> VII – oficiais de registro de distribuição.

Já através da (ii) condição de assessor, podemos entender o papel do notário ao orientar as partes envolvidas, devendo agir sempre com imparcialidade em relação aos seus clientes. Decorre desse aspecto de sua função a incompatibilidade de sua função com o exercício da advocacia ou de qualquer outra função pública, bem como a previsão de sua suspeição em hipóteses determinadas:

> Art. 25. O exercício da atividade notarial e de registro é incompatível com o da advocacia, o da intermediação de seus serviços ou o de qualquer cargo, emprego ou função públicos, ainda que em comissão.
>
> (...)

> Art. 27. No serviço de que é titular, o notário e o registrador não poderão praticar, pessoalmente, qualquer ato de seu interesse, ou de interesse de seu cônjuge ou de parentes, na linha reta, ou na colateral, consangüíneos ou afins, até o terceiro grau.

Relativamente ao (iii) dever de controlar a legalidade dos atos jurídicos em que for chamado a intervir, também conhecido pela doutrina como dever negativo, trata-se da obrigação de rechaçar ou recusar a autenticação de documentos com conteúdo antijurídico. Assim, nos termos da referida lei:

> Art. 6º Aos notários compete:
> I - formalizar juridicamente a vontade das partes;
> II - intervir nos atos e negócios jurídicos a que as partes devam ou queiram dar forma legal ou autenticidade, autorizando a redação ou redigindo os instrumentos adequados, conservando os originais e expedindo cópias fidedignas de seu conteúdo;
> III - autenticar fatos.

Por fim, a lei impõe aos notários e registradores o (iv) dever de denunciar a ilegalidade de atos jurídicos de seus clientes, obrigação que está intimamente relacionada ao alcance de sua responsabilidade e deveres de *compliance* que lhes são impostos legalmente, como se verá a seguir.

Inicialmente, para abordar a responsabilidade dos tabeliães e oficiais de registro, cumpre notar que sua responsabilidade está delineada, em um primeiro momento, pelos princípios elencados no art. 37, *caput*, CF, bem como pelos termos de seu §6º, visto que prestam serviço público.

Além disso, essa responsabilidade também vem tratada na Lei n. 8.935/1994, com as alterações trazidas pela Lei 13.286/2016. Assim, estabelece a lei que:

> Art. 22. Os notários e oficiais de registro são civilmente responsáveis por todos os prejuízos que causarem a terceiros, por

> culpa ou dolo, pessoalmente, pelos substitutos que designarem ou escreventes que autorizarem, assegurado o direito de regresso.
>
> Parágrafo único. Prescreve em três anos a pretensão de reparação civil, contado o prazo da data de lavratura do ato registral ou notarial.
>
> Art. 23. A responsabilidade civil independe da criminal.
>
> Art. 24. A responsabilidade criminal será individualizada, aplicando-se, no que couber, a legislação relativa aos crimes contra a administração pública.
>
> Parágrafo único. A individualização prevista no caput não exime os notários e os oficiais de registro de sua responsabilidade civil.

Conforme explicam Kümpel e Raldi,[158] durante muito tempo houve controvérsias acerca da responsabilidade civil de notários e oficiais de registro. Discutia-se se tratar-se-ia de responsabilidade objetiva ou responsabilidade subjetiva. A lei, então, resolveu a questão, determinando a responsabilidade civil subjetiva por atos tipicamente notariais e registrais:

> Com a nova redação dada ao art. 22 da lei 8.935/1994, pela lei 13.286/16, cessa-se a polêmica quanto à responsabilidade pessoal do oficial de registro e notário, os quais responderão subjetivamente por danos causados no exercício da atividade típica: "*Os notários e oficiais de registro são civilmente responsáveis por todos os prejuízos que causarem a terceiros,* **por culpa ou dolo,** *pessoalmente, pelos substitutos que designarem ou escreventes que autorizarem, assegurado o direito de regresso*".
>
> Importante diferenciar, no entanto, dano decorrente do exercício de atividade típica de registro, que consiste em qualificar títulos, devolvê-los ou assentá-los; ou, no caso do tabelião,

---

[158] KÜMPEL, Vitor Frederico; RALDI, Rodrigo Pontes. "A lei 13.286/2016 e a responsabilidade subjetiva dos notários e registradores no exercício da atividade típica". *Migalhas*. Disponível em: https://www.migalhas.com.br/coluna/registralhas/239331/a-lei-13286-2016-e-a-responsabilidade-subjetiva-dos-notarios-e-registradores-no-exercicio-da-atividade-tipica. Acesso em: 17 fev. 2020.

instrumentalizar a vontade das partes de modo a gerar eficácia, da atividade atípica, anexa ao serviço registral e notarial. Apenas em relação à primeira aplicam-se as regras do art. 22, da lei 8.935/1994 (responsabilidade subjetiva). Ocorrendo o dano em razão da relação de consumo criada entre os prestadores e o usuário (por exemplo, se o usuário escorrega e se machuca no interior do ofício), aplicam-se as regras de responsabilidade objetiva do Código de Defesa do Consumidor (diálogo das fontes). [Grifos no original].[159]

Vale mencionar que em 27 de fevereiro de 2019, ao julgar o RE 842846/RJ, de relatoria do ministro Luiz Fux, o plenário do STF entendeu que o Estado possui responsabilidade civil direta e primária pelos danos que tabeliães e oficiais de registro, no exercício de serviço público por delegação, causem a terceiros, assentado o dever de regresso contra o responsável, nos casos de dolo ou culpa, sob pena de improbidade administrativa.[160]

Paralelamente a isso, conforme vimos anteriormente, a Lei de Lavagem de Dinheiro, Lei n. 9.613/98, com as alterações incorporadas pela Lei n. 12.683/12, também criou deveres de *compliance* para profissionais que atuam em diversas áreas, em seu art. 9º, ao elencar as pessoas sujeitas a mecanismos de controle. É nesse ponto precisamente que se insere o mencionado dever dos notários e oficiais de registro de denunciar a ilegalidade de atos jurídicos de seus clientes.

Trata-se, portanto, de deveres de controle, de fiscalização, manutenção de registros e de comunicação às autoridades públicas de operações suspeitas de poderem se enquadrar no delito de lavagem de capitais.

---

[159] KÜMPEL, Vitor Frederico; RALDI, Rodrigo Pontes. "A lei 13.286/2016 e a responsabilidade subjetiva dos notários e registradores no exercício da atividade típica". *Migalhas*. Disponível em: https://www.migalhas.com.br/coluna/registralhas/239331/a-lei-13286-2016-e-a-responsabilidade-subjetiva-dos-notarios-e-registradores-no-exercicio-da-atividade-tipica. Acesso em: 17 fev. 2020.

[160] BRASIL. Supremo Tribunal Federal. "Informativo n. 932, de 25 de fevereiro a 8 de março de 2019". Disponível em: http://www.stf.jus.br/arquivo/informativo/documento/informativo932.htm. Acesso em: 28 de jun 2021.

Dentre as figuras dispostas no rol do art. 9º, acrescentou-se, em 2012, o inciso XIII, que incluiu as juntas comerciais e os registros públicos.

Muito recentemente, houve importante inovação normativa no que diz respeito à responsabilidade prevista aos tabeliães e oficiais de registro, por meio da edição do Provimento n. 88, de 1º de outubro de 2019, o qual foi posteriormente alterado pelo Provimento n. 90, de 12 de fevereiro de 2020, ambos da Corregedoria Geral de Justiça, órgão do Conselho Nacional de Justiça (CNJ). Por meio desses atos, considerou-se que os cartórios brasileiros foram definitivamente integrados ao sistema de combate à corrupção e ao financiamento ao terrorismo.

O Provimento nº 88 do CNJ dispôs sobre a política, os procedimentos e os controles a serem adotados pelos notários e registradores visando à prevenção dos crimes de lavagem de dinheiro e do financiamento do terrorismo, impondo deveres referentes ao registro e cadastramento de clientes, bem e como a obrigação de comunicar operações suspeitas às autoridades. Segundo sua disciplina normativa, os registros públicos restaram sujeitos a:

> Art. 5º Os notários e registradores devem avaliar a existência de suspeição nas operações ou propostas de operações de seus clientes, dispensando especial atenção àquelas incomuns ou que, por suas características, no que se refere a partes envolvidas, valores, forma de realização, finalidade, complexidade, instrumentos utilizados ou pela falta de fundamento econômico ou legal, possam configurar indícios dos crimes de lavagem de dinheiro ou de financiamento do terrorismo, ou com eles relacionar-se.
>
> Art. 6º Os notários e registradores comunicarão à Unidade de Inteligência Financeira – UIF, por intermédio do Sistema de Controle de Atividades Financeiras – Siscoaf, quaisquer operações que, por seus elementos objetivos e subjetivos, possam ser consideradas suspeitas de lavagem de dinheiro ou financiamento do terrorismo.
>
> Art. 7º As pessoas de que trata o art. 2º, sob a supervisão da Corregedoria Nacional de Justiça e das Corregedorias dos Tribunais de Justiça dos Estados e do Distrito Federal, devem estabelecer

e implementar políticas de prevenção à lavagem de dinheiro e ao financiamento do terrorismo compatível com seu volume de operações e com seu porte, que devem abranger, no mínimo, procedimentos e controles destinados à:

I - realização de diligência razoável para a qualificação dos clientes, beneficiários finais e demais envolvidos nas operações que realizarem;

II - obtenção de informações sobre o propósito e a natureza da relação de negócios;

III - identificação de operações ou propostas de operações suspeitas ou de comunicação obrigatória;

IV - mitigação dos riscos de que novos produtos, serviços e tecnologias possam ser utilizados para a lavagem de dinheiro e para o financiamento do terrorismo;

V - verificação periódica da eficácia da política e dos procedimentos e controles internos adotados.

§ 1º A política tratada neste artigo deve ser formalizada expressamente por notários e registradores, abrangendo, também, procedimentos para:

I - treinamento dos notários, dos registradores, oficiais de cumprimento e empregados contratados;

II - disseminação do seu conteúdo ao quadro de pessoal por processos institucionalizados de caráter contínuo;

III - monitoramento das atividades desenvolvidas pelos empregados; e

IV - prevenção de conflitos entre os interesses comerciais/empresariais e os mecanismos de prevenção à lavagem de dinheiro e ao financiamento do terrorismo.

Em fevereiro de 2020, editou-se o Provimento nº 90, que alterou o anterior, descrevendo os comportamentos a serem adotados em termos de comunicação das operações suspeitas:

Art. 15 Havendo indícios da prática de crime de lavagem de dinheiro ou de financiamento do terrorismo, ou de atividades a eles relacionadas, conforme critérios estabelecidos neste capítulo,

CAPÍTULO IV - ANÁLISE DE CASOS CONCRETOS E APLICAÇÃO...

será efetuada comunicação à Unidade de Inteligência Financeira – UIF no dia útil seguinte ao término do exame da operação ou proposta de operação.

§ 1º O exame de operações ou propostas de operações que independem de análise será concluído em até 45 (quarenta e cinco) dias, contados da operação ou proposta de operação.

§ 2º O exame de operações ou propostas de operações que dependem de análise será concluído em até 60 (sessenta) dias, contados da operação ou proposta de operação.

§ 3º A comunicação será efetuada em meio eletrônico no site da Unidade de Inteligência Financeira – UIF, por intermédio do linksiscoaf.fazenda.gov.br/siscoaf-internet, ou posteriores atualizações, garantido o sigilo das informações fornecidas.

Art. 17 O notário ou registrador, ou seu oficial de cumprimento, informará à Corregedoria-Geral de Justiça estadual ou do Distrito Federal, até o dia 10 dos meses de janeiro e julho, a inexistência, nos seis meses anteriores, de operação ou proposta de operação passível de comunicação à Unidade de Inteligência Financeira – UIF.

Art. 42 Não se negará a realização de um ato registral ou protesto por falta de elementos novos ou dados novos, estipulados no presente Provimento.

Como derradeira observação, cumpre mencionar a Resolução 29/2017, do Coaf, que estabelece deveres especiais aos sujeitos relacionados no rol do art. 9º da Lei de Lavagem de Dinheiro, que, conforme referido, são todos aqueles que estão sujeitos às obrigações de *compliance* previstos na lei.

Essa resolução elenca as denominadas pessoas politicamente expostas (PPE), e cria, em relação aos sujeitos obrigados pela Lei de Lavagem de Dinheiro a adotar mecanismos de controle, obrigações ainda mais severas quando se tratar da fiscalização das PPEs.

Art. 1º As pessoas reguladas pelo COAF, nos termos do artigo 9º da Lei nº 9.613, de 3 de março de 1998, devem adotar as providências previstas nesta Resolução para o acompanhamento de operações ou propostas de operações com pessoas expostas politicamente.

§ 1º Para fins do disposto nesta Resolução, consideram-se pessoas expostas politicamente:

I - os detentores de mandatos eletivos dos Poderes Executivo e Legislativo da União;

II - os ocupantes de cargo, no Poder Executivo da União, de:

a) Ministro de Estado ou equiparado;

b) Natureza Especial ou equivalente;

c) presidente, vice-presidente e diretor, ou equivalentes, de entidades da administração pública indireta; e

d) Grupo Direção e Assessoramento Superior - DAS, nível 6, ou equivalente;

III - os membros do Supremo Tribunal Federal, dos Tribunais Superiores e dos Tribunais Regionais Federais, do Trabalho e Eleitorais;

IV - o Procurador-Geral da República, o Procurador-Geral do Trabalho, o Procurador-Geral da Justiça Militar e os Procuradores-Gerais de Justiça dos Estados e do Distrito Federal;

V - os membros do Tribunal de Contas da União e o Procurador-Geral do Ministério Público junto ao Tribunal de Contas da União;

VI - os presidentes e tesoureiros nacionais, ou equivalentes, de partidos políticos;

VII - os governadores e secretários de Estado e do Distrito Federal, os Deputados Estaduais e Distritais, os presidentes, ou equivalentes, de entidades da administração pública indireta estadual e distrital e os presidentes de Tribunais de Justiça, Militares, de Contas ou equivalente de Estado e do Distrito Federal;

VIII - os Prefeitos, Vereadores, Presidentes de Tribunais de Contas ou equivalente dos Municípios.

Por fim, como se nota, é muito importante que todos os profissionais que atuam na área de *compliance* possuam conhecimento da abrangência de suas responsabilidades, para que possam atuar com segurança:

A sofisticação da moderna delinquência econômica requer necessariamente conhecimentos especializados. Esses conhecimentos especializados – quando referem à área jurídica – somente podem ser proporcionados por advogados e notários, estes últimos especialmente em relação às transações imobiliárias. A acusação penal contra profissionais por atos relacionados a atividades ilegais de seus clientes é, em muitos casos, entendida como um ataque ao exercício das profissões jurídicas. No entanto, isto está longe de ser uma ameaça a essas profissões, caso seja gerada uma adequada consciência acerca das diferenças entre assessoramento e participação criminal.[161]

Nos dizeres do professor Adán Nieto Martí, o *compliance* tem por objetivo conferir às empresas um ambiente seguro de atuação, preferencialmente com ampla margem de segurança, para que não estejam constantemente caminhando "no fio da navalha":

> El *criminal compliance* no consiste en asesorar a la empresa para que establezca una normativa interna que le permita moverse en el filo de la navaja, sino para que cumpla con lo dispuesto en los códigos éticos. Por esta razón, al *compliance* no le interesan necesariamente los complejos debates del Derecho penal económico acerca de si la conducta A es típica o constituye otro tipo de ilícito. El cumplimiento normativo debe comenzar normalmente mucho antes del tipo penal.[162]

O mesmo raciocínio, por extensão, poderá ser aplicado ao *compliance officer*, que, consciente de suas obrigações, e dentro de parâmetros legais previamente estabelecidos, poderá se mover com maior segurança e ser um protagonista no combate à corrupção.

---

[161] CERVINI, Raúl; ADRIASOLA, Gabriel. *Responsabilidade penal dos profissionais jurídicos*. São Paulo: Revista dos Tribunais, 2013, p. 64.

[162] MARTÍ, Adán Nieto. "Problemas fundamentales del cumplimiento normativo en el derecho penal". *Anuario de Derecho Penal 2013-2014*. Universidade de Friburgo, Suíça, 2013, p. 28.

CONCLUSÃO

Como visto ao longo deste estudo, a globalização é um fenômeno mundial que afeta tanto a área econômica como a área jurídica. O crescente poder econômico das empresas, aliado aos inúmeros avanços tecnológicos, transformou a criminalidade, sobretudo no âmbito do Direito Penal Econômico, dando-lhe contornos transnacionais.

Nesse contexto, o Estado perdeu sua capacidade de controle absoluto dos bens jurídicos. Os crimes tornaram-se mais complexos, específicos e de difícil identificação. Assim, no marco de um Estado regulador como o nosso, que se torna também um Estado de prevenção e Estado de vigilância, transfere-se cada vez mais para a esfera particular a fiscalização de grande quantidade de deveres jurídicos, para se compensar o déficit de proteção alcançável por outras vias, como o Direito Penal.

A autorregulação regulada é uma das respostas apresentadas a esses desafios. Trata-se de uma espécie de delegação das funções de prevenção e controle estatais para os particulares. Como observado oportunamente, não há ninguém melhor do que a própria empresa para saber suas especificidades e realizar a função de controle interno.

O *compliance* é um dos principais instrumentos empregados pelas empresas como forma de autorregulação regulada. Seu objetivo é criar uma cultura de ética empresarial, em que as ações das empresas sejam pautadas pela conformidade com a legislação. Nessa nova mentalidade empresarial, as corporações são beneficiadas de diversas formas, tanto com as vantagens inerentes à padronização de suas condutas e procedimentos, melhorias em sua organização interna, proteção de clientes e funcionários, melhora em sua imagem e reputação etc. como em face do Estado, que pode compensá-las de diversas maneiras, como por meio de incentivos fiscais ou redução de multas no caso de condenação administrativa, por exemplo.

Assim, em virtude dessa crescente necessidade de prevenção e controle interno, criou-se a figura do *compliance officer*, um profissional, ou grupo de profissionais, dedicado exclusivamente à implementação e ao acompanhamento dos programas de *compliance* nas empresas.

Nesse contexto, fizemos uso da figura do panóptico idealizada por Bentham. Seu projeto de prisão, em que um observador central consegue fiscalizar, a um só tempo, toda a estrutura circular que o circunda, serve como uma pertinente analogia ao ambiente empresarial que temos atualmente. Assim, ao se criar nas empresas uma atmosfera de constante vigilância, o *compliance officer* passa a ser esse observador central que, ao menos em teoria, tudo consegue controlar.

Questão que se coloca, a partir da identificação de um profissional que tenha por missão exatamente a prevenção de delitos empresariais, é a relativa à sua responsabilização. Neste estudo, buscou-se investigar se o exercício dessa função atrai para o *compliance officer* a posição de garante, caso em que ele poderia responder pelos crimes empresarias nas hipóteses de crimes omissivos impróprios (ou comissivos por omissão).

Assim, entendemos que, para a responsabilização do *compliance officer*, é necessário, primeiramente, que ele assuma a posição de garante na empresa. Pode ocorrer de essa responsabilidade ser afastada contratualmente, por exemplo, ou em face de suas próprias condutas.

Portanto, para que sua responsabilidade reste caracterizada, deve haver, de sua parte, a omissão diante de seus deveres concretos de vigilância, cadastramento, comunicação de atividades suspeitas, fiscalização etc., sob pena de esse profissional ter inviabilizada sua relevante missão, sendo responsabilizado objetivamente por qualquer ilícito da empresa.

CONCLUSÃO

Sustentamos que sua responsabilidade se dará sempre na medida de sua culpabilidade, sendo esta aferida em face da omissão de seus próprios deveres dentro da estrutura empresarial. Sua omissão deverá, assim, ser dolosa e identificável a vantagem pretendida ou auferida. Além disso, devem ser levados em consideração os deveres previstos também pela empresa, que confirmem os deveres de vigilância do *compliance officer*. Sua responsabilidade poderá se dar por expressa disposição legal ou em virtude da função exercida.

Neste estudo, aludiu-se também ao fato de que a função de *compliance officer* poderá ser realizada por advogado, tanto em vista de sua capacitação técnica específica como das valiosas prerrogativas inerentes a seu ofício, como é o caso do sigilo profissional. Observou-se que este último tem plena validade quando o profissional atua seja na função litigiosa como na de assessoramento.

Notamos que os *compliance officers* também não poderão servir como bodes expiatórios para desonerar a responsabilidade dos seus superiores, tendo em vista que, de fato, assumem uma posição de garante e se encaixa nos ditames do art. 13, §2º, "a" e "b", do Código Penal.

Conclui-se, assim, que o emprego indiscriminado das imputações por omissão imprópria pode acarretar violação do princípio da legalidade, tendo em vista que permitem a responsabilização criminal sem resultado ou qualquer elemento subjetivo.

Não se considera razoável defender que se possa criminalizar o *compliance officer* unicamente por uma falha em sua esfera de atuação. Como afirmamos, é necessária uma ação efetivamente dolosa, como um descumprimento doloso da lei ou uma ausência de comunicação do descumprimento do programa da empresa a um de seus superiores, para que se fale em responsabilidade criminal.

Considerando que no Brasil não há previsão legal específica que imponha o dever de garantia do *compliance officer*, bem como para a responsabilização de dirigentes de empresas, há grande dificuldade em se estabelecerem regras claras de imputação, que são pilares do Estado de Direito. Posto isso, os delitos omissivos impróprios sempre devem ter interpretação restritiva, não sendo aplicáveis, sem um extremo cuidado, doutrina e jurisprudência estrangeiras.

Assim, em termos legais, ainda há muito o que se fazer para delimitar com cada vez maior precisão os deveres do *compliance officer* e sua esfera de responsabilidade. Sem uma definição clara, e tendo-se em vista a tendência punitivista da Justiça Criminal brasileira, a missão desse profissional poderá ser inviabilizada.

REFERÊNCIAS BIBLIOGRÁFICAS

A GUIDE TO COMPLIANCE: A brief history. *Convergepoint*. Disponível em: https://www.convergepoint.com/compliance-software-sharepoint/a-guide-to-compliance-a-brief-history/. Acesso em: 19 de dez. 2019.

AIDO, Rui. *Cegueira deliberada*. Dissertação de mestrado defendida na Faculdade de Direito da Universidade de Lisboa, 2018.

ALEXY, Robert. *Derecho y razón práctica*. México: Fontanara, 1993.

ALMEIDA JUNIOR, João Mendes de. *O processo criminal brasileiro*, vol. 2. Rio de Janeiro - São Paulo: Freitas Bastos, 1959.

ARO, Rogerio. "Lavagem de dinheiro – Origem histórica, conceito, nova legislação e fases". *Unisul de fato e de direito*. Jan./jun. 2013.

AZEVEDO, Mareska Tiveron Salge de. *Fintechs, Bancos Digitais e Meios de Pagamento*. São Paulo: Quartier Latin, 2019.

BACIGALUPO, Enrique. *Compliance y derecho penal*. Navarra: Aranzadi, 2011.

BADARÓ, Gustavo Henrique. "Lei nº 10.701 de 9 de julho de 2003: análise inicial das alterações da Lei de Lavagem de Dinheiro". *Boletim do Instituto Brasileiro de Ciências Criminais*, São Paulo, vol. 129, 2003.

BALTAZAR JUNIOR, José Paulo. *Crimes federais*. São Paulo: Saraiva, 2014.

BARROS, Flávio Augusto Monteiro de. *Direito Penal*: Parte Geral, vol. 1. São Paulo: Saraiva, 2011.

BECHARA, Fábio Ramazzini. *Cooperação Jurídica Internacional em Matéria Penal*. Eficácia da prova produzida no exterior. São Paulo: Saraiva, 2011.

BECK, Ulrich. *Sociedade de risco*: rumo a uma outra modernidade. São Paulo: Editora 34, 2011.

BENEDETTI, Carla Rahal. *Criminal compliance*. São Paulo: Quartier Latin, 2014.

BENTHAM, Jeremy. *The Panopticon Writings*. London: Verso, 1995.

BENTHAM, Jeremy. *El Panóptico*. Londres, 1791. Disponível em: http://www.pensamientopenal.com.ar/system/files/2014/10/doctrina39886.pdf. Acesso em: 22 ago.2019.

BERINI, Arturo G. de L. "Autorregulación empresarial, ordenamento jurídico y derecho penal: pasado, presente y futuro de los limites jurídico-penales al livre mercado y a la libertad de empresa". *In*: SILVA SÁNCHEZ, Jesús-María; FERNÁNDEZ, Raquel (Coord.). *Criminalidad de Empresa y Compliance*: prevención y reacciones corporativas. Barcelona: Atelier, 2013.

BESSI, Vânia Gisele; ZIMMER, Marco Vinício; GRISCI, Carmem Ligia Iochins. "O panóptico digital nas organizações: espaço, temporalidade e controle no mundo do trabalho contemporâneo". *O&S*, vol. 14, n. 42, jul./set. 2007.

BEVIÁ, Jordi Gimeno. *Compliance y proceso penal*. El proceso penal de las personas jurídicas. Espanha: Civitas, 2016.

BITTENCOURT, Cezar Roberto. *Tratado de Direito Penal – Parte Geral 1*. São Paulo: Saraiva, 2014.

BITTENCOURT, Cezar Roberto. *Teoria geral do delito*. São Paulo: RT, 1997.

BITTENCOURT, Cezar Roberto. *Alguns aspectos da culpabilidade na atualidade*. RT 756/425, out. 1998

BITTENCOURT, Cezar Roberto. *Tratado de direito penal – Parte geral*. 8. ed. São Paulo: Saraiva, 2003.

BOATRIGHT, John R. "Globalization and the Ethics of Business". *Business Ethics Quarterly*, Cambridge University Press, vol. 10, n. 1, jan. 2000, pp. 1-6.

BOBBIO, Norberto. *Elogio da serenidade e outros escritos morais*. Tradução de Marco Aurélio Nogueira. São Paulo: Editora Unesp, 2002, p. 64.

BOTTINI, Pierpaolo Cruz. *Crimes de Omissão Imprópria*. Marcial Pons, 2018.

REFERÊNCIAS BIBLIOGRÁFICAS

BRASIL. Ministério da Economia. Coaf. "Competências". Disponível em: http://www.coaf.fazenda.gov.br/backup/o-conselho/competencias. Acesso em: 8 jan. 2020.

BRASIL. Ministério da Economia. Coaf. "Resolução n. 29, de 7 de dezembro de 2017. *Diário Oficial da União*. Disponível em: https://www.in.gov.br/materia/-/asset_publisher/Kujrw0TZC2Mb/content/id/865727/do1-2017-12-08-resolucao-n-29-de-7-de-dezembro-de-2017-865723. Acesso em: 28 de jun 2021.

BRASIL. Ministério da Economia. "O que é a Unidade de Inteligência Financeira". *Relatório de atividades*. Disponível em: www.fazenda.gov.br/centrais-de-conteudos/publicacoes/relatorio-de-atividades/arquivos/o_que_faz.pdf. Acesso em: 08 jan. 2020.

BRASIL. Ministério da Justiça. Departamento de Recuperação de Ativos e Cooperação Jurídica Internacional.. Disponível em: https://www.justica.gov.br/sua-protecao/cooperacao-internacional. Acesso em: 07 jan. 2020.

BRASIL. "Decreto n. 154, de 26 de junho de 1991". Promulga a Convenção Contra o Tráfico Ilícito de Entorpecentes e Substâncias Psicotrópicas. Disponível em: http://www.planalto.gov.br/ccivil_03/decreto/1990-1994/d0154.htm. Acesso em: 07 jan. 2020.

BRASIL. "Decreto n. 5.687, de 31 de janeiro de 2006". Promulga a Convenção das Nações Unidas contra a Corrupção, adotada pela Assembleia-Geral das Nações Unidas em 31 de outubro de 2003 e assinada pelo Brasil em 9 de dezembro de 2003. Disponível em: http://www.planalto.gov.br/ccivil_03/_ato2004-2006/2006/decreto/d5687.htm. Acesso em: 07 jan. 2020.

BRASIL. "Decreto n. 8.420, de 18 de março de 2015". Regulamenta a Lei nº 12.846, de 1º de agosto de 2013, que dispõe sobre a responsabilização administrativa de pessoas jurídicas pela prática de atos contra a administração pública, nacional ou estrangeira e dá outras providências. Disponível em: http://www.planalto.gov.br/ccivil_03/_ato2015-2018/2015/decreto/d8420.htm. Acesso em: 07 jan. 2020.

BRASIL. "Lei n. 8.429, de 2 de junho de 1992". Dispõe sobre as sanções aplicáveis aos agentes públicos nos casos de enriquecimento ilícito no exercício de mandato, cargo, emprego ou função na administração pública direta, indireta ou fundacional e dá outras providências. Disponível em: http://www.planalto.gov.br/ccivil_03/leis/l8429.htm. Acesso em: 07 jan. 2020.

BRASIL. "Lei n. 8.935, de 18 de novembro de 1994". Regulamenta o art. 236 da Constituição Federal, dispondo sobre serviços notariais e de registro. (Lei dos cartórios). Disponível em: http://www.planalto.gov.br/ccivil_03/leis/l8935.htm. Acesso em: 07 jan. 2020.

BRASIL. "Lei n. 9.279, de 14 de maio de 1996". Regula direitos e obrigações relativos à propriedade industrial. Disponível em: http://www.planalto.gov.br/ccivil_03/leis/l9279.htm. Acesso em: 07 jan. 2020.

BRASIL. "Lei n. 9.613, de 3 de março de 1998". Altera a Lei n. 9.613, de 3 de março de 1998, para tornar mais eficiente a persecução penal dos crimes de lavagem de dinheiro. Disponível em: http://www.planalto.gov.br/ccivil_03/leis/l9613.htm. Acesso em: 07 jan. 2020.

BRASIL. "Lei n. 11.343, de 23 de agosto de 2006". Institui o Sistema Nacional de Políticas Públicas sobre Drogas – Sisnad; prescreve medidas para prevenção do uso indevido, atenção e reinserção social de usuários e dependentes de drogas; estabelece normas para repressão à produção não autorizada e ao tráfico ilícito de drogas; define crimes e dá outras providências. Disponível em: http://www.planalto.gov.br/ccivil_03/_ato2004-2006/2006/lei/l11343.htm. Acesso em: 07 jan. 2020.

BRASIL. "Lei n. 12.846, de 1º de agosto de 2013". Dispõe sobre a responsabilização administrativa e civil de pessoas jurídicas pela prática de atos contra a administração pública, nacional ou estrangeira, e dá outras providências. Disponível em: http://www.planalto.gov.br/ccivil_03/_ato2011-2014/2013/lei/l12846.htm. Acesso em: 07 jan. 2020.

BRASIL. "Lei n. 12.683, de 9 de julho de 2012". Altera a Lei n. 9.613, de 3 de março de 1998, para tornar mais eficiente a persecução penal dos crimes de lavagem de dinheiro. Disponível em: http://www.planalto.gov.br/ccivil_03/_ato2011-2014/2012/lei/l12683.htm. Acesso em: 07 jan. 2020.

BRASIL. Susep. Disponível em: http://www2.susep.gov.br/bibliotecaweb/docOriginal.aspx?tipo=1&codigo=11768. Acesso em: 2 jan. 2020. Acesso em: 07 jan. 2020.

BRASIL. Supremo Tribunal Federal. "Ação Penal 470", inteiro teor. 2012. Disponível em: http://portal.stf.jus.br/. Acesso em: 07 jan. 2020.

BRASIL. Supremo Tribunal Federal. "Informativo n. 932, de 25 de fevereiro a 8 de março de 2019". Disponível em: http://www.stf.jus.br/arquivo/informativo/documento/informativo932.htm. Acesso em: 07 jan. 2020.

REFERÊNCIAS BIBLIOGRÁFICAS

BRASIL. Tribunal Regional Federal (5ª região). "Apelação Criminal 5520-CE2005.81.00.014586-0". Relator Rogério Moreira. 9 nov. 2008. Disponível em: http://www.trf5.jus.br/archive/2008/10/200581000145860_20081022.pdf. Acesso em: 07 jan. 2020.

BRUNO, Aníbal. *Direito Penal*. Rio de Janeiro: Forense, 1967.

CABETTE, Eduardo Luiz Santos; NAHUR, Marcius Tadeu Maciel. *"Criminal compliance" e ética empresarial*: novos desafios do direito penal econômico. Porto Alegre: Nuria Fabris, 2013.

CANDELORO, Ana Paula P.; DE RIZZO, Maria Balbina Martins; PINHO, Vinícius. *Compliance 360°*: Riscos, estratégias, conflitos e vaidades no mundo corporativo. São Paulo: Trevisan, 2012.

CARVALHO, André Castro; BERTOCELLI, Rodrigo de Pinho; ALVIM, Tiago Cripa; VENTURINI, Otávio. *Manual de compliance*. Investigações Internas. Rio de Janeiro: Forense, 2019.

CAVERO, Percy García. *Criminal compliance*. Lima: Palestra, 2014.

CERNICCHIARO, Luiz Vicente; COSTA JUNIOR, Paulo José da. *Direito Penal na Constituição*. 3. ed. São Paulo: Revista dos Tribunais, 1995.

CERVINI, Raúl; ADRIASOLA, Gabriel. *Responsabilidade penal dos profissionais jurídicos*. São Paulo: Revista dos Tribunais, 2013.

COCA VILA, Ivó. "¿Programas de Cumplimiento como forma de autorregulação regulada?". *In*: SILVA SÁNCHEZ, Jesús-María; FERNÁNDEZ, Raquel (Coord.). *Criminalidad de Empresa y Compliance*: prevención y reacciones corporativas. Barcelona: Atelier, 2013.

COLARES, Wilde Cunha. *Ética e Compliance nas Empresas de Outsourcing*. 199 f. Monografia (LLM – Legal Law Master) Programa de pós-graduação em Direito. São Paulo: Insper, 2014.

COMO supervisionar investigações internas. *PwC*. Disponível em: https://www.pwc.com.br/pt/estudos/preocupacoes-ceos/mais-temas/2018/sup_invest_int_18.pdf. Acesso em: 16 dez. 2019.

CONDE, Francisco Muñoz; BITTENCOURT, Cezar Roberto. *Teoria Geral do Delito*. São Paulo: Saraiva, 2000.

CONSELHO NACIONAL DE JUSTIÇA. "Provimento n. 88, de 1º de outubro de 2019". Dispõe sobre a política, os procedimentos e os controles a serem adotados pelos notários e registradores visando à prevenção dos crimes de lavagem de dinheiro, previstos na Lei n. 9.613, de 3 de março de 1998, e do financiamento do terrorismo, previsto na Lei n. 13.260, de 16 de março de 2016, e dá outras providências. Disponível em: https://atos.cnj.jus.br/atos/detalhar/3025. Acesso em: 07 jan. 2020.

CONSELHO NACIONAL DE JUSTIÇA. "Provimento n. 90, de 12 de fevereiro de 2020". Altera o Provimento n. 88, de 1º de outubro de 2019, da Corregedoria Nacional de Justiça, que dispõe sobre a política, os procedimentos e os controles a serem adotados pelos notários e registradores, visando à prevenção dos crimes de lavagem de dinheiro, previstos na Lei n. 9.613, de 3 de março de 1998, e do financiamento do terrorismo, previsto na Lei n. 13.260, de 16 de março de 2016, e dá outras providências. Disponível em: https://atos.cnj.jus.br/atos/detalhar/3182. Acesso em: 07 jan. 2020.

CONVENÇÃO das Nações Unidas contra o Tráfico Ilícito de Entorpecentes e Substâncias Psicotrópicas. Viena, 20 dez. 1988. Disponível em: https://legado.justica.gov.br/sua-protecao/politicas-sobre-drogas/atuacao-internacional-1/documentos/Convencao_das_Nacoes_Unidas.pdf. Acesso em: 07 jan. 2020.

CORREA, Valentina Pozo. "Los juegos de poder circunscritos a las empresas: una perspectiva foucaultiana sobre los mecanismos de control presentes en el discurso del management". *Revista Estudios Sociales*. Escuela de Sociología. Universidad Alberto Hurtado, ago. 2007.

COSTA, Helena Regina Lobo da; ARAÚJO, Marinha Pinhão Coelho. "Criminal compliance na AP 470". *RBCCrim* n. 106, 2013.

ENTENDA como funciona o processo de investigações internas de compliance. 2019. *Portal LECNews*. Disponível em: https://lec.com.br/blog/entenda-como-funciona-o-processo-de-investigacoes-internas-de-compliance/. Acesso em: 25 ago. 2019.

ESPANHA. "Ley 9/2017". *Agencia Estatal Boletín Oficial del Estado*. Disponível em: https://www.boe.es/buscar/act.php?id=BOE-A-2017-12902. Acesso em: 25 nov. 2018.

ESPANHA. "Ley Orgánica 10/1995, de 23 noviembre, del Código Penal". Agencia Estatal Boletín Oficial del Estado. Disponível em: https://www.boe.es/buscar/act.php?id=BOE-A-1995-25444. Acesso em: 25.11.2018.

ESTEFAN, André. *Direito Penal*: parte geral, vol. 1. São Paulo: Saraiva, 2010.

REFERÊNCIAS BIBLIOGRÁFICAS

ESTELLITA, Heloísa. *Responsabilidade penal de dirigentes de empresa por omissão*. São Paulo: Marcial Pons, 2017.

FILHO, Calixto Salomão. *O novo direito societário*. 2. ed. São Paulo: Malheiros Editores, 2002.

FOUCAULT, Michel. *Power/Knowledge*: Selected Interviews and Other Writings. New York: Pantheon Books, 1980.

FOUCAULT, Michel. *Vigiar e punir*: nascimento da prisão. Petrópolis: Vozes, 1987.

FRAGOSO, Heleno Cláudio. *Lições de direito penal* – parte geral. 13. ed. Rio de Janeiro: Forense, 1991.

GENRO, Tarso. "A Cooperação Jurídica Internacional e o Propósito deste Manual em MINISTÉRIO DA JUSTIÇA". *In*: BRASIL. *Manual de Cooperação Jurídica Internacional e Recuperação de Ativos*. Cooperação em Matéria Penal. Brasília: Secretaria Nacional de Justiça, 2008.

GRECO, Rogério. *Curso de Direito Penal* – Parte Geral. 5. ed. Rio de Janeiro: Impetus, 2005.

HERRERA, Célida G. "El panóptico moderno. A parte rei". *Revista de Filosofia*, jul. 2006.

HUNGRIA, Nelson. *Comentários ao Código Penal*, vol. I, tomo II, art. 11 a 27. 5. ed. Rio de Janeiro: Forense, 1978.

KIM, Shin Jae; CARVALHO, Fernando. "Governança de uma investigação interna". *Jota*, 10 ago. 2018. Disponível em: www.jota.info/opiniao-e-analise/colunas/coluna-do-tozzinifreire/governanca-de-uma-investigacao-interna-10082018. Acesso em: 08 jan. 2020.

KUHLEN, Lothar; MONTIEL, Juan Pablo; GIMENO, Ínigo Ortiz de Urbina. *Compliance y teoria del derecho penal*. Madrid: Marcial Pons, 2013.

KÜMPEL, Vitor Frederico; RALDI, Rodrigo Pontes. "A lei 13.286/2016 e a responsabilidade subjetiva dos notários e registradores no exercício da atividade típica". *Migalhas*. Disponível em: https://www.migalhas.com.br/coluna/registralhas/239331/a-lei-13286-2016-e-a-responsabilidade-subjetiva-dos-notarios-e-registradores-no-exercicio-da-atividade-tipica. Acesso em: 17 fev. 2020.

LISZT, Franz von. *Tratado de Direito Penal Alemão*. Campinas: Russell Editores, 2003.

LOBATO, José Danilo Tavares; MARTINS, Jorge Washington Gonçalves. "Considerações preliminares acerca da responsabilidade criminal do *compliance officer*". *Boletim IBCCRIM*, São Paulo, vol. 24, n. 284, jul. 2016.

LUCCA, Newton de. *Da ética empresarial*. São Paulo: Quartier Latin, 2009.

MACHADO, Camila S. "As Relações de Poder e a Cultura Corporativa na Comunicação Interna". *Intercom* – Sociedade Brasileira de Estudos Interdisciplinares da Comunicação. 40° Congresso Brasileiro de Ciências da Comunicação. Curitiba, 9 set. 2017.

MARTÍ, Adán Nieto. "Problemas fundamentales del cumplimiento normativo en el derecho penal". *Anuario de Derecho Penal 2013-2014*. Universidade de Friburgo, Suíça, 2013.

MENDES, Francisco Schertel. *Compliance*: concorrência e combate à corrupção. São Paulo: Trevisan Editora, 2017.

MINISTRO CELSO DE MELLO vota pela condenação de três dirigentes do Banco Rural e absolve Ayanna Tenório. *Portal STF*. Disponível em: https://stf.jusbrasil.com.br/noticias/100054394/ministro-celso-de-mello-vota-pela-condenacao-de-tres-dirigentes-do-banco-rural-e-absolve-ayanna-tenorio. Acesso em: 25 ago. 2019.

MIRABETE, Julio Fabrinni. *Manual de Direito Penal* – Parte Geral. 11. ed., vol. 1. São Paulo: Atlas, 1996.

MONTIEL, Juan Pablo. "Autolimpieza empresarial: Compliance programs, investigaciones internas y neutralización de riesgos penales". *In*: KUHLEN, Lothar; PABLO MONTIEL, Juan; URBINA GIMENO, Íñigo Ortiz de (Coord.). *Compliance y Teoría del Derecho Penal*. Madrid: Marcial Pons, 2013.

NUCCI, Guilherme de Souza. *Manual de Direito Penal*. 2. ed.; 9. ed. São Paulo: Editora Revista dos Tribunais, 2013 (2006).

OSCAR, Naiana; PEREIRA, Renée. "Empresas correm para criar núcleos internos de combate à corrupção". *Senado*, fev. 2016. Disponível em: https://www2.senado.leg.br/bdsf/bitstream/handle/id/519782/noticia.html?sequence=1. Acesso em: 25 ago. 2019.

PAGOTTO, Leopoldo; ALMEIDA, Silvia Helena; FERNANDES, Indira. "Investigações internas". *In*: CARVALHO, André Castro; BERTOCELLI, Rodrigo de Pinho; ALVIM, Tiago Cripa; VENTURINI, Otávio. *Manual de compliance*. Investigações Internas. Rio de Janeiro: Forense, 2019.

REFERÊNCIAS BIBLIOGRÁFICAS

PARANÁ. 13ª Vara Federal de Curitiba/PR. "Ação Penal 5026212-82.2014.4.04.7000/PR". Juiz Sergio Moro. Disponível em: http://politica.estadao.com.br/blogs/fausto-macedo/wp-content/uploads/sites/41/2015/04/Evento-1388-SENT1-abreu-e-lima-.pdf. Acesso em: 08 jan. 2020.

PEÑA, Diego Luzón. "Comisión por omisión e imputación objetiva sin causalidad: creación o aumento del peligro o riesgo por la omisión misma como criterio normativo de equivalencia a la causación activa". *In*: SILVA SANCHEZ, Jesús Maria et al. (Coord.). *Estudios de Derecho Penal, homenaje al professor Santiago Mir Puig*, 2017.

PÉREZ, Elena Gutiérrez. La figura del *compliance officer*. "Algunas notas sobre su responsabilidad penal". *Diario La Ley*, n. 8653, nov. 2015.

PERROT, Michelle. *Os excluídos da história*: operários, mulheres e prisioneiros. Rio de Janeiro: Paz e Terra, 2017.

PIERANGELI, José Henrique. *Códigos Penais no Brasil*: Evolução Histórica. Bauru: Jalovi, 1980.

PLANAS, Ricardo Robles. "El responsable de cumplimiento (*Compliance Officer*) ante el derecho penal". *In*: SILVA SÁNCHES, Jesús-Maria; FERNANDES, Raquel Montaner. *Criminalidad de empresa y Compliance*. Barcelona: Atelier, 2013.

RIBEIRO, Marcia Carla Pereira; DINIZ, Patrícia Dittrich Ferreira. "Compliance e Lei Anticorrupção nas Empresas". *Revista de Informação Legislativa*, a. 52, n. 205, jan./mar. 2015.

ROBBERS, Gerhard. *Einführung in das deutsche Recht*. 4. ed. Baden-Baden: Nomos, 2006.

ROBBINS, Ira. P. "The Ostrich Instruction: Deliberate Ignorance as a Criminal Mens Rea". *J. Crim. L. & Criminology*, vol. 81, p. 196,1990-1991. Disponível em: https://scholarlycommons.law.northwestern.edu/cgi/viewcontent.cgi?referer=&httpsredir=1&article=6659&context=jclc. Acesso em: 25.11.2018.

ROXIN, Claus. "A culpabilidade como critério limitativo da pena". *Revista de Direito Penal*, n. 11-12, jul./dez. 1973.

ROXIN, Claus. *Autoría y domínio del hecho en derecho penal*. Barcelona: Marcial Pons, 2000.

ROXIN, Claus. *Estudo de Direito Penal*. Rio de Janeiro: Renovar, 2006.

ROXIN, Claus. *Novos Estudos do Direito Penal*. São Paulo: Marcial Pons, 2014.

ROXIN, Claus. *Funcionalismo e imputação objetiva no Direito Penal*. Rio de Janeiro: Renovar, 2002.

ROXIN, Claus. *Strafrecht Allgemeiner Teil*: Grundlangen und die Aufbau der Verbrechenslehhre. 4. ed. Munique: C. H. Beck, 2006.

SAAVEDRA, Giovani Agostini. "*Compliance* na nova lei de lavagem de dinheiro". *Revista Síntese de direito penal e processual penal*, Porto Alegre, vol. 13, n. 75, ago./set. 2012.

SAAVEDRA, Giovani Agostini. "Reflexões iniciais sobre *Criminal Compliance*". *Boletim IBCCRIM*, n. 237, jan. 2011.

SÁNCHEZ, Álvaro García. *La responsabilidad penal de las Personas Jurídicas en el Ordenamiento jurídico español*: desarrollo de un modelo de prevención de delitos (Compliance program) Tese (Doutorado). 640f. Direito Empresarial. Universidad Europea, Madrid, 2017.

SANTOS, Humberto Souza. "Autoria mediata por meio de dependência estrutural Econômico-profissional no âmbito das organizações empresariais". *Revista Brasileira de Ciências Criminais*, vol. 117, nov./dez. 2015. Disponível em: http://www.mpsp.mp.br/portal/page/portal/documentacao_e_divulgacao/doc_biblioteca/bibli_servicos_produtos/bibli_boletim/bibli_bol_2006/RBCCrim_n.117.03.PDF. Acesso em: 15.02.2020.

SANTOS, Rômulo Ballestê Marques dos; PORTUGAL, Francisco Teixeira. "O panóptico e a economia visual moderna: do panoptismo ao paradigma panóptico na obra de Michel Foucault". *Revista psicologia política*, vol. 19, n. 44, jan./abr., 2019.

SCANDELARI, Gustavo Britta. "As posições de garante na empresa e o criminal compliance no Brasil: primeira abordagem". *In:* DAVID, Décio Franco; GUARAGNI, Fábio André; BUSATO, Paulo César (Coord.). *Compliance e Direito Penal*. São Paulo: Atlas, 2015.

SCHÜNEMANN, Bernd. *Cuestiones basicas de dogmatica juridico-penal y de politica criminal acerca de la criminalidad de empresa*. Tradução para o espanhol: Daniela Bruckner e Juan Antonio Lascurain Sanchez. Anuario de Derecho Penal y Ciencias Penales, Madrid, tomo XLI, fase. I, enero/abril, 1988.

SILVA, Marcelo da; CASTRO, Mônica Aparecida de. "Comunicação e gestão organizacional em tempos de vigilância e controle: do panóptico ao binóculo". *Dispositiva*, vol. 2, n. 2, jun. 2014.

REFERÊNCIAS BIBLIOGRÁFICAS

SILVA SÁNCHEZ, Jesús Maria. *En busca del derecho penal. Esbozos de una teoria realista del delito y de la pena*. Buenos Aires: B de F, 2017.

SILVEIRA, Renato de Mello Jorge; SAAD-DINIZ, Eduardo. *Compliance, direito penal e a lei anticorrupção*. São Paulo: Saraiva, 2015.

SOUZA, Artur de Brito Gueiros; JAPIASSÚ, Carlos Eduardo Adriano. *Curso de direito penal*. Parte Geral. Rio de Janeiro: Elsevier, 2012.

TEIXEIRA, Adriano. GOÉS, Guilherme; ENSEL, Linus. "O projeto de lei de sanções corporativas da Alemanha". *Jota*, 6 jan. 2020. Disponível em: www.jota.info/opiniao-e-analise/colunas/penal-em-foco/o-projeto-de-lei-de-sancoes-corporativas-da-alemanha-06012020#_ftn2. Acesso em: 08 jan. 2020.

TEOTÔNIO, Paulo José Freire; LEONI, Rafaela Aparecida Parizi. "Breves esclarecimentos sobre a teoria do domínio do fato". *Revista Magister de Direito Penal e Processual Penal*, Porto Alegre, vol. 10, n. 58, fev./mar. 2014.

TOLEDO, Francisco de Assis. "Teorias do dolo e teorias da culpabilidade". *RT* 566/271, dez. 1992.

VALLÈS, Ramon Ragues i. *Ignorancia deliberada en derecho penal*. Barcelona: Atelier, 2007.

VERÍSSIMO, Carla. *Compliance*: incentivo à adoção de medidas anticorrupção. São Paulo: Saraiva, 2018.

WANDERLEY JR., Bruno. "A cooperação internacional como instrumento de combate ao terrorismo". *In*: BRANT, Leonardo Nemer Caldeira (Coord.). *Terrorismo e Direito*: os impactos do terrorismo na comunidade internacional e no Brasil: perspectivas político-jurídicas. Rio de Janeiro, 2003.

WENZEL, Hans. *Derecho penal alemán*. Santiago: Editoral Juridica de Chile, 1997.

WESSELS, Johannes; BEULKE, Werner; SATZGER, Helmut. *Strafrecht Allgemeiner Teil*: Die Straftat und ihr Aufbau. 44. ed. Heidelberg: C.F. Müller, 2014.

MAPAS

MUNICÍPIOS DO ESTADO DO RIO DE JANEIRO COM MILÍCIAS

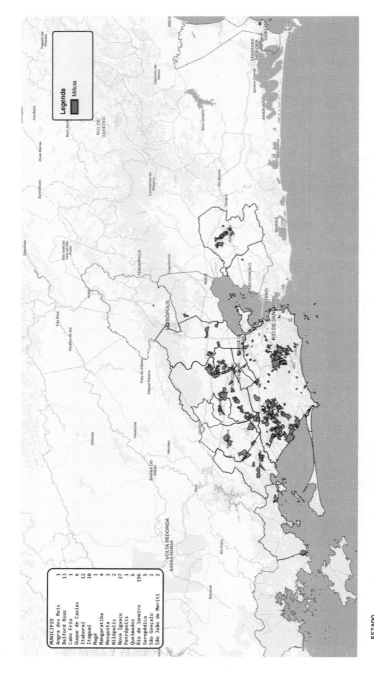

MUNICÍPIO	
Angra dos Reis	1
Belford Roxo	13
Cabo Frio	1
Duque de Caxias	6
Itaboraí	12
Itaguaí	10
Magé	4
Mangaratiba	2
Mesquita	2
Nilópolis	2
Nova Iguaçu	27
Petrópolis	1
Queimados	6
Rio de Janeiro	196
Seropédica	5
São Gonçalo	1
São João de Meriti	2

ESTADO

Dentro das áreas de domínio da milícia temos:

Delegacias:	6	Letalidade violenta por ação policial:	1.506
Nascentes:	146	Cartórios:	167
Escolas:	892	Cartórios eleitorais:	63
Caixas de Banco:	318		
Foro TJ:	4		

150

BAIRROS DA CIDADE DO RIO DE JANEIRO COM MILÍCIA

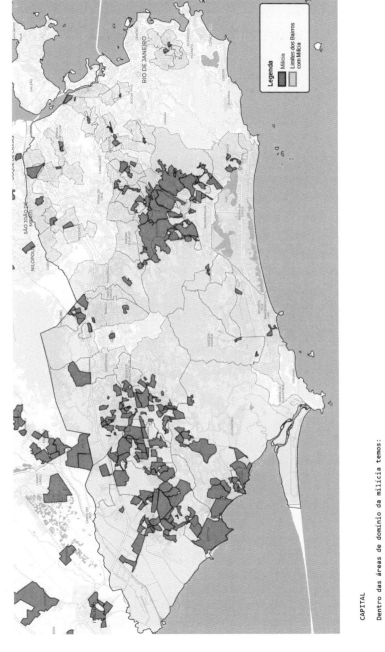

CAPITAL

Dentro das áreas de domínio da milícia temos:

Hospitais:	6		Letalidade violenta por ação policial:	746
Escolas:	708		Cartórios:	95
Caixas de Banco:	239		Cartórios eleitorais:	47
Foro TJ:	3			
Pontos de ônibus (BRT):	7			

A Editora Contracorrente se preocupa com todos os detalhes de suas obras! Aos curiosos, informamos que este livro foi impresso no mês de julho de 2021, em papel Pólen Soft 80g, pela Gráfica Copiart.